岩 波 文 庫

34-030-3

政 治 的 神 学

── 主権論四章 ──

カール・シュミット著
権 左 武 志 訳

Carl Schmitt

POLITISCHE THEOLOGIE

Vier Kapitel zur Lehre von der Souveränität

凡　例

一、本書には次の三種類の版が存在する。各版の相違とその理由は訳者解説で説明する。

Carl Schmitt, *Politische Theologie, Vier Kapitel zur Lehre von der Souveränität*, München / Leipzig, Duncker & Humblot, 1922.［一九二二年版と略記する。］

C. Schmitt, *Politische Theologie, Vier Kapitel zur Lehre von der Souveränität*, München / Leipzig, Duncker & Humblot, 2. Aufl. 1934.［一九三四年版と略記する。］

C. Schmitt, *Politische Theologie, Vier Kapitel zur Lehre von der Souveränität*, Berlin, Duncker & Humblot, 11. korrigierte Aufl. 2021.［二〇二一年版と略記する。］

二、本書は、このうち、一九二二年版を底本とし、一九三四年版・二〇二一年版を参照した。

三、各章はいくつかの節に分け、番号と見出しを付けた。各節の見出しは、原則として一九二二年版の目次に従った。

四、（　）は原文の補足、［　］は訳者の補足を示す。ただし、省略された書名・論文名は、断りなく完全な題名を記する。

傍点は原文の隔字体・イタリック体強調を示す。

太字は一九三四年版で削除された箇所を示す。

五、訳注は(1)(2)(3)……で示し、本文の後に置く。

六、段落分けは原則として底本に従うが、さらに区切る時は〔〜〕で示す。

七、本書には次の邦訳と英訳が存在する。適宜参照させていただいた。

田中浩・原田武雄訳『政治神学』(未來社、一九七一年)〔一九三四年版の邦訳〕

長尾龍一訳『政治神学』『カール・シュミット著作集I』(慈学社出版、二〇〇七年)〔一九二二年版の邦訳〕

中山元訳『政治神学』(日本経済新聞社、二〇二一年)〔一九二二年版の邦訳〕

C. Schmitt, *Political theology: four chapters on the concept of sovereignty*, translated by G. Schwab, Cambridge, MIT Press 1985.〔一九三四年版の英訳〕

目　次

政治的神学——主権論四章（一九二二年版）

〔表紙扉の注記〕

政治的神学の四章は、『カトリシズムの政治理念』の論文(1)と同時に、一九二二年三月に執筆された。ル・フュールの書『人種、民族、国家』(パリ、アルカン、一九二二年)は、当時まだ入手できなかった。

第一章　主権の定義

[一　主権と例外状態]

主権者とは、例外状態に対して決定する者である。

この定義によってのみ、主権概念を限界概念として正当に評価することができる。というのは、限界概念とは、通俗的文献で使用される粗雑な用語のように、曖昧な概念ではなく、極限領域の概念を意味するからである。主権概念の定義が、通常の事例ではなく、限界事例を引き合いに出せるのは、これに対応している。ここで、例外状態とは、何らかの緊急命令や戒厳状態ではなく、国家論の一般的概念として理解しなければならないことは、以下に述べることから明らかになるだろう。例外状態が、際立った意味で主権の法学的定義に適しているのには、体系的で法論理的な理由がある。すなわち、例外状態に対する決定は、際立った意味で決定なのだ。というのは、通常の現行法規が表明する一般的規範は、完全な例外を決して捉えることができず、したがって、真の例外事例が存在するという決定を完全に根拠付けることもできないからだ。モール(2)が、緊急事態が存在するかどうかの検討は、法学上の検討ではありえないと言う場合(『国法・国際法・政治――モノグラフィー』〔第二巻、一八六二年〕六二六頁)、法的意味での決定は、規範の内容から完全に導き出すべきだという前提から始めている。だが、これは問題である。モールが述べるような一般的意味での法規とは、法治国家的自由主義の表現にすぎず、彼は決断の持つ自立的意味を見誤るのだ。

主権の定義として立てられる抽象的図式――「主権は演繹できない最高の支配権力である」――は、これを承認することも承認しないこともできるが、そこには、理論的にも実践的にも大きな相違は生じない。少なくとも主権の歴史では、一般に概念自体をめぐっては争われないだろう。具体的適用をめぐって、すなわち、公共の利益や国家の利益、公共の安全と秩序、公共の福祉等がどこにあるかという紛争事例で誰が決定するか、をめぐって争うのである。現行の法秩序で規定されていない例外事例は、せいぜい極端な緊急事態や国家の実存が危機に陥る事態等と呼ぶことができるが、事実内容に即して規定することはできない。この例外事例があって初めて、主権の主体への問い、すなわち主権一般への問いが時事的な問いになるのだ。いつに緊急事態が存在するのか、［一般概念に］包摂できる明確さで挙げることもできないし、極端な緊急事態が起こり、その除去が真に問題となるならば、何が緊急事態で許されるのか、内容上列挙することもできない。ここでは、権限の前提も内容も必然的に限定されていない。そこで、法治国家の意味で一般に何の権限も存在しない。憲法はせいぜい、緊急事態で誰が行為するのを許されるかを挙げられるのみである。この行為がいかなる統制にも服していないならば、つまり法治国家的憲法の実務におけるように、この行為が相互に阻止し均衡し合う様々な機関に何らかの仕方で配分されていないならば、誰が主権者なのかは即座に明らかになる。主権者が、極端な緊急事態は存在するのかについても決定し、緊急事態を除去するため、何をすべきかについても決定する。主権者は、通常の現行法秩序の外部に立ちながら、現行法秩序の内部に属する。というのも、彼には、憲法を全体として停止できるか否かを決定する権限があるからだ。［〜］

近代法治国家の発展傾向はすべて、この意味における主権者を取り除く方向に向かっている。以下の章で取り扱うクラッベとケルゼンの思想の帰結はこの点にある。しかし、極端な例外事例を真に取り除くことができるか否か、これは法学上の問題ではない。例外事例を実際に取り除くことができると信頼し、希望するか否かは、哲学的確信、特に歴史哲学的確信や形而上学的確信にかかっている。

[二 ボダンと自然法的国家論における主権概念
――主権と例外状態が概念上結合する事例]

主権概念の発展の歴史的記述はいくつか存在するが、それらは、教科書式、試験形式に主権の定義を含んでいる究極の抽象的な定式の寄せ集めで満足している。誰一人、最高権力という、果てしなく繰り返される・全く空虚な慣用句を、主権概念についての有名な著者に即して厳密に研究しようと努力しなかったように思われる。この概念が、危機的事例、すなわち例外事例に対応していることは、既にボダンにおいて明らかである。しばしば引用される彼の主権の定義――「主権は国家の絶対的で永続的な権力である」〔原文フランス語、以下同じ〕――よりも、「主権の真の指標」（『国家論六巻』〔一五七六年〕第一巻・第一〇章）の理論により、ボダンは近代国家論の始まりをなす。ボダンは、主権の概念を多くの実際例に即して議論するが、この際につねに、主権者はどれほど法律に制約され、どれほど諸身分に義務付けられるか、という問題に立ち戻る。特に重要なこの究極の問題に対して、ボダンは次のように答える。約束が義務付ける力は自然法に基づいているから、約束には拘束力がある。しかし、緊急時には、拘束力は自然の一般原則に従い解消する。ボダンは一般的に言う。約束の履行が人民の利益にかなう限りでのみ、君主は諸身分または人民に対し義務付けられる。しかし、「必要が切迫しているならば(3)」、君主は拘束されない。これは、それ自体では何ら新たな命題ではない。ボダンの説明の決定的な点は、君主と諸身分の間の関係の議論を単純な二者択一に定式化し、しかも緊急時を指示する点である。これこそ、主権を分割できない統一と把握し、国家の権力への問いを最終的に解決した彼の定義の真に感心するべき点だった。つまり、彼の学問的業績と成功の理由は、主権概念の中に決断を持ち込んだ点にある。〔…〕

今日、ボダンのいつもの引用がなされない主権概念の議論はほぼ存在しない。しかし、『国家論』のあの章〔第一巻・第一〇章〕の中心部分が引用されるのはどこにも見られない。君主が諸身分や人民に行った約束は、彼の主権を廃棄するかどうか、ボダンは問う。こうした約束に反して行為し、「場合と時と人の必要に応じて」法律を改正するか廃止するかが必要になる場合を指示して、ボダンは答える。こうした場合、君主が前もって元老院や人民に問わなければならないならば、君主は臣民により無用視されなければならない。だが、ボダンにとり、これは馬鹿げたことだと思われる。というのは、ボダンが考えるには、諸身分も法律に対する主人ではないから、諸身分もまた君主により無用視されざるをえない。こうして主権は〔君主と人民という〕両者の間を転々とし、ある時は人民が、ある時は君主が主人となるだろう。これは全く理性に反し、法に反する。そこで、一般的であれ、個別の事例であれ、現行法を廃棄する権限は、主権の本来の指標であるから、ボダンは、ここから他のすべての指標（宣戦と講和、官僚の任命、最終審級、恩赦権等）を導き出そうとする。

私は、私の書『独裁』（ミュンヘン・ライプツィヒ、一九二一年）の中で、歴史的記述における伝来の図式に反して、一七世紀自然法論者の間でも、主権の問題は、例外事例に対する決定への問いとして理解されていたことを示した。これは、とりわけプーフエンドルフに当てはまる。すべての自然法論者は、次の点で一致する。国家の内部で対立が生じるならば、もちろんあらゆる党派は公共の利益のみを欲するから、そこに万人に対する万人の戦争が生じる。しかし、主権と国家自体の本質は、この闘争を解決し、公共の秩序と安全とは何なのか、いつ乱されるかなどを最終的に定める点にある。具体的現実では、公共の秩序と安全はいつ保たれ、いつ危機にさらされ、乱されるかを決定するのが軍国主義的官僚制か、商業精神に支配された自治体か、急進的な党組織かに応じて、公共の秩序と安全は、極めて異なった仕方で現れる。というのは、あらゆる秩序は決定に基づいており、無思想に自明なものとして用いられる法秩序の概念も、「規範と決定という」法学上の二つの異なる要素の対立を含んでいるからである。あらゆる秩序と同様、法秩序も、規範に基づくのではなく、決定に基づく。

神のみが主権者であれ、すなわち地上の現実において矛盾なく神の代理人として行為する者のみが主権者であれ、あるいは皇帝や領邦君主や人民が主権者であれ、すなわち矛盾なく人民と同一化するのが許される者のみが主権者であれ、問題はつねに主権の主体へと向けられる。つまり主権概念の具体的事実内容への適用に向けられる。主権の問題を議論した法学者たちは、一六世紀以来、主権の権限を列挙したカタログから議論を始める。このカタログは、主権に必要な一連の指標を寄せ集めたものであり、本質的には、先に引用したボダンの論議に還元できる。主権者であることは、これら権限を持っていることを意味する。〔〜〕

旧ドイツ帝国［神聖ローマ帝国］の不明確な法的関係の下で、国法上の論議は、数多くの指標の中の一つが疑いなく存在することから、別の疑わしい指標も、同様に存在するに違いないと推論しがちだった。論争はつねに、例えば降伏協定のような明確な規定により予め定められていない権限は誰のものなのか、言い換えれば管轄権が定められていない事例には誰が権限を持つのか、をめぐり行われた。通例の言い回しで言えば、誰が制約されざる権力という推定を自分のものだと主張するのかを問うた。そこで、例外事例、極度の緊急事態に関する議論が生じた。いわゆる君主制原理に関する論議では、これは同じ法論理的構造で繰り返される。したがって、ここでも、憲法上規定されていない権限に関して誰が決定するか、すなわち法秩序が権限への問いに対して何も答えていない場合、誰に決定する権限があるのかがつねに問われる。〔〜〕

一八七一年のドイツ憲法によれば、［帝国を構成する］個別国家［ラント］は主権者であるかどうかをめぐる論争では、はるかに政治的に重要ではない問題が争われた。相変わらずここでも再び、同じ論証の図式が見出された。個別国家が主権者だというザイデル(4)が試みた証明は、個別国家に留保された権利を導き出せるかどうかの概念よりも、帝国の権限は憲法により規定されており、原理的に制約されているのに対し、個別国家の権限は原理的に制約されていないという主張を中心としていた。[〜]

一九一九年の現行ドイツ憲法では、第四八条に従い、ライヒ大統領が例外状態を宣言するが、つねにライヒ議会がその解除を要求できるという制約に服している(5)。この規制は、権限の分割と相互統制により主権の問題をできるだけ先延ばししようとする法治国家的な発展と実務に対応している。しかし、法治国家的傾向に対応するのは、例外的権限の前提を規制する点だけであり、第四八条を内容上規制するものではない。第四八条は、内容上むしろ無制約な全権を与えており、もし[議会の]統制なしに決定されるならば、一八一五年憲章第一四条の例外的権限が君主を主権者としたのと同じ仕方で、[大統領に]主権を与えることになるだろう。第四八条の通説的解釈に従い、個別国家が例外状態を宣言する自立的権限をもはや持たないとすれば、個別国家は国家ではない。ドイツのラントが国家であるか否かという問題の本来の中心点は第四八条の中にある。

〔三　自由主義的法治国家論における例外事例の無視〕

相互統制によるのであれ、時間的制限によるのであれ、あるいは戒厳状態の法治国家的規制のように、非常権限を列挙するのであれ、例外事例に与えられる権限を限定するのに成功するならば、主権の問題は、重要な一歩分だけ後退するが、もちろん取り除かれることはない。日常生活や通常業務の問題に向かう法学は、実務上、主権概念には何の関心も持たない。この法学にとり、通常の事柄だけが認識できるのであり、他のすべては「邪魔者」である。この法学は、なす術を知らずに極端な事例に向き合う。というのも、あらゆる非常権限が例外状態というわけではなく、あらゆる警察上の緊急措置や緊急命令が例外状態というわけではないからである。むしろ例外状態のためには、原理的に無制約な権限、すなわち現行秩序全体の停止が必要である。この例外状態が現れたならば、国家は存続するのに対し、法は後退するのは明らかである。例外状態とは、いつでも無政府状態や混沌とは全く別の物だから、法秩序は存在しないとしても、法学的意味では、相変わらず秩序は存在する。ここでは、国家の存在は、法規範の効力に対して疑いなく優位する。決定は、あらゆる規範的制約から解き放たれ、本来の意味で絶対的になる。例外事例では、いわゆる自己保存権に従い、国家は法を停止する。ここでは、「法‐秩序」という概念の二つの要素が相対立し、概念上は自立していることを示す。通常の事例では、決定の自立した要素は最小限に抑え込まれるのと同様に、例外事例では、規範が否定される。にもかかわらず、規範と決定という二つの要素は、法学的領域の枠内にとどまるから、例外事例も、法学的認識にとり理解可能なままである。

例外は法学的意味を持たず、したがって「社会学」に属すると言おうとすれば、これは、社会学と法学の二者択一の図式を粗野に転用するものだろう。例外は、［一般概念に］包摂できないものであり、一般的に把握できないが、同時に特殊法学的な形式の要素である決断を、絶対的に純粋な形で明らかにする。法規が妥当しうる状況を初めに作り出さなければならない場合、例外事例が絶対的な形で現れる。あらゆる一般的規範は、規範を事実内容に即して適用し、規範的統制に服させるべき生活状況の正常な形成を要求する。規範は、同質的な媒体を必要とする。この事実上の正常さは、法学者が無視できる「外的な前提」ではなく、むしろ規範の内在的効力に含まれる。

混沌状態に適用できるような規範は存在しない。法秩序が意味を持つには、秩序を作り出さなければならない。正常な状況を作り出さなければならない。この正常な状況が真に支配しているかどうかを最終的に決定する者が主権者である。あらゆる法は、「状況に規定された法」である。主権者は、状況全体を作り出し、その総体を保証する。主権者は、この最終的決定を独占する。そこに国家主権の本質がある。正しく言えば、国家主権とは、強制と支配を独占するのではなく、決定を独占する者だと法学的に定義できる。この際に、決定という語は、さらに続いて展開すべき一般的意味で使用される。例外事例は、国家権威の本質を最も明確に明らかにする。ここで決定は、法規範から分離し、（逆説的に定式化すれば、）法を作り出すため、法を所有する必要はないという権威があることを証明する。

ロックの法治国家的学説と一八世紀的合理主義にとり、例外状態はおよそ考えられないものだった。例外事例の意味に関する生きた意識は、一七世紀の自然法には支配的だったが、一八世紀に入り、相対的に永続する秩序が作り出された時、直ちに失われた。カントにとり、緊急権はもはや法ではない。今日の国家論は、緊急事態を合理主義的に無視する傾向と、本質的に対立する思想から発して緊急事態へ関心を寄せる傾向、という二つの傾向が同時に相対立する興味深い光景を示している。ケルゼン(6)のような新カント派が、例外状態について体系的に何も始められないのは自ずと明らかである。**エーリッヒ・カウフマン(7)は――彼の従来の著作から関連する一本の太い線を読み取れるが――、その著作『国際法の本質と事情変更の原則』**〔一九一一年〕**の中で緊急権を叙述の中心に据えており、そこには根本的で有機的な一貫性が見られる。**しかし、法秩序自身が例外事例を予定し、「自己自身を停止」しうるというのは、合理主義者の興味をも引かざるをえないだろう。規範や秩序や帰属点が「自己自身を定立する」のは、この種の法学的合理主義にとり、とりわけ容易に実現可能な観念だと思われる。しかし、体系的統一と秩序が、全く具体的な場合にいかに自己自身を停止できるのかは、構成するのが困難であり、例外状態が法学上の混沌状態や何か任意の無政府状態から区別される限り、これは法学上の問題である。例外状態をできる限り詳しく規制しようとする法治国家的傾向とは、法が自己自身を停止する場合を厳密に規定しようとする試みをもっぱら意味する。法はこうした力をどこから作り出すのか。規範が事実内容に即して完全には把握できないような具体的事例を例外として認めるとしても、規範が妥当するのは、いかにして論理的に可能なのか。

［四　規則（規範）または例外に対する様々な種類の学問的関心の一般的意味］

例外は何も証明せず、通常の事柄だけが学問的関心の対象たりうると言うのは、首尾一貫した合理主義だろう。例外は合理主義的図式の統一や秩序を混乱させる。実定的国法学では、しばしば似たような議論に出会う。アンシュッツは、(8)「予算法が存在しない場合、どう処置するべきか」という問いに対して、これはそもそも「法的問題ではない」と答える。「ここには、法律上、すなわち憲法条文上の欠缺《けんけつ》［欠落］があるというよりも、法の欠缺があり、この欠缺はいかなる法学的概念操作によっても埋めることができない。ここで国法は終わる」（ゲオルク・マイヤー『ドイツ国法教科書』［第七版、一九一九年］九〇六頁）。**そこで、エーリッヒ・カウフマンが極端な事例を法から排除しようとする場合、そこに合理主義の残滓もあるように思われる。緊急事態の問題を論議する場合、彼は、二人それぞれに生命の危険があり、二つの緊急権が相対立し、他方による一方の殺害**［から自分が生き延びるの］**がいずれも正当でありうる事例を**

挙げる。これについて彼は述べる。「法は、こうした極端な事例を規準統一により合理化し、規制することはできず、こうした運命から臆病に引き下がらねばならず、事例に対し補償も刑罰も当てる必要がない」（『国際法の本質と事情変更の原則』一二二頁、『調査委員会と国事裁判所』七七頁、参照）。彼は、この意味で、国際法の主体としての二人の私人、二つの国家に関わる緊急事態のみを語る。しかし、国家内部で極端な緊急事態が現れるならば、まさに緊急事例は国家秩序の本質を明らかにせざるをえないのではないか。カウフマンは、この箇所でヘーゲル『法哲学』の命題（一二八節）――「緊急は法［及び福祉］の有限性と偶然性を明らかにする」――を引用する。これに対し、緊急は同時に国家の意義を明らかにするから、国家は同じく法学的関心の対象にとどまらざるをえないと言わなければならない。［〜］

まさに具体的生の哲学こそ、例外と極端な事例から引き下がってはならず、極端な事例に最高度に関心を寄せなければならない。この哲学にとり、例外は規則よりも重要でありうるが、それは、逆説を好むロマン主義的イロニーゆえではなく、平均的に繰り返されるものの明白な一般化以上に深く進んでいく洞察の真剣さゆえである。例外は通常の事例よりも興味深い。通常の事例は何も証明しないが、例外はすべてを証明する。例外は規則を確認するばかりか、規則はそもそも例外によってのみ生きる。例外においては、現実の生の力が、反復されて凝固した機械的なものの外皮を打ち破る。神学的省察は一九世紀でもいかに生き生きした強さを持ちうるかを証明したプロテスタント神学者は、次のように言った。「例外は一般的なものと自己自身を説明する。一般的なものを正しく研究しようとすれば、現実の例外を探しさえすればよい。例外は、一般的なものよりもずっとはっきりとすべてを白日の下にさらす。[…]一般的なものを永遠にしゃべり続けるのは、長時間もすれば飽きてしまう。例外が存在するからだ。例外を説明できなければ一般的なものも説明できない。一般的なものを情熱的に考えず、安易に表面的に考えるから、通常は難点に気付かない。これに対し、例外は、一般的なものを精力的な情熱を込めて考える(9)」。

第二章　法形式及び決定の問題としての主権の問題

［一　最近の国家論著作――ケルゼン、クラッベ、ヴォルツェンドルフ、エーリッヒ・カウフマン］

国法上の理論と概念が、政治的事件と変化の圧力を受けて変革されるならば、さしあたり、議論は日々の実践的観点に左右されており、伝来の観念を何か分かりやすい目的にしたがい修正する。新たな時事的問題は、新たな社会学的関心を招き、国法上の問題を取り扱う「形式主義的」方法に対する反動を呼び起こすことがある。しかし、法学的取扱いを政治情勢の転換から独立させて、まさに首尾一貫した形式的取扱いを行って学問的客観性を手に入れようとする努力が示されることもある。そこで、同じ政治的現状から異なる学問的傾向と潮流が現れることがある。

近年ドイツで公刊された国法に関する新たな文献から、理論的関心が、明らかな反対命題や精密な概念をもたらすほどに強い程度まで既に到達したと見て取ることはできない。法学に関する公衆の一般的関心は、充分に大きいように思えない。そこから、エーリッヒ・カウフマンの『新カント派法哲学の批判』〔一九二一年〕のような目に付く著作が、大多数の教養ある法学者により、多くの認識論的・方法論的詐欺の一つが批判されているかのように素直に受け入れられたのを説明できるだろう。ヴォルツェンドルフ(10)は、精神を明確にしたいと表明し、新たな国家思想が新たな国家体制の根幹でなければならないと要求できるだけの学問的素質を持っている。エーリッヒ・カウフマンの公刊物は、これまでは批判的領域にとどまっており、彼の国家論のさらなる積極的提示が待ち望まれるのに対し、ヴォルツェンドルフには、数多い妙案を伴う構想が見られるだけである。マックス・ヴェーバーの著作〔『経済と社会』(一九二一年)〕の巨大な社会学的素材を、法学的概念を形成するために活用する試みはこれまでまだ行われていない。

あらゆる法学的概念の中で、主権の概念は最も多く時事的関心により支配されている。主権概念の歴史はボダンで始めるのがつねだが、一六世紀以来、主権概念が論理的発展と完成を遂げたと言うことはできない。主権概念の教義史の諸段階は、その概念的性格に内在する弁証法的向上によるのではなく、様々な政治的権力闘争により特徴付けられる。一六世紀には、欧州の国民国家への最終的解体や絶対君主制と諸身分の間の闘争により、ボダンの主権概念が成立する。一八世紀には、新たに成立した国家の自己意識は、ヴァッテルの国際法的主権概念に反映する。一八七一年以来、新たに創立されたドイツ帝国では、連邦国家に対して連邦を構成する国家［ラント］の高権的領域を限定するため、原理を立てる必要が生じる。ドイツ国家論は、この関心から、主権概念と国家概念の間の区別を見つけ出した。この区別の助けを借りて、個別国家に主権概念を認めることなく、個別国家に対し国家の性格を救い出すことができる。実に様々に変容しながらも、主権とは法的に独立した・演繹できない最高の権力だという古い定義がつねに繰り返される。

こうした主権の定義は、実に様々な政治的・社会学的複合体に適用できるし、実に様々な政治的関心に役立てることができる。この定義は、現実に適合した表現ではなく、一つの定式、一つの記号、一つの標識である。この定義は果てしなく多義的であり、したがって実務では、状況に応じて特に有用であるか、それとも全く無価値かのいずれかである。この定義は、現実の勢力を言い表すため、「最高の権力」という最上級の表現を使用するが、因果法則に支配された現実の中から、個別の要素を取り出し、こうした最上級を与えることはできない。政治の現実には、自然法則の確実さで機能する抗しがたい最高の権力、すなわち最大の権力というものは存在しない。権力は、法を何ら証明しない。しかも、それは、ルソーが同時代全体と同じく、次のように定式化した平凡な理由からそうである。「実力は物理的力である。」「強盗が持っているピストルもまた、同様に力である」〔原文フランス語〕(『社会契約論』第一篇・第三章)。事実上の最高権力と法的な最高権力の結合こそ、主権概念の根本問題である。ここに主権概念のすべての難点がある。一般的な同語反復的述語ではなく、法学的に本質的な要素を精密化することにより、この法学上の根本概念を捉えるような定義を見出すことが重要である。

〔(1) ケルゼン〕

もっとも、最近数年間に見られる主権概念の最も詳しい取扱いを見るならば、社会学と法学という区別を立て、過度に単純な二者択一により純粋に社会学的なものと純粋に法学的なものを手に入れるというより単純な解決を試みている。ケルゼンは、その著作『主権の問題と国際法の理論』(テュービンゲン、一九二〇年)と『社会学的国家概念と法学的国家概念』(テュービンゲン、一九二二年)で、この道をたどった。あらゆる社会学的要素が法学的概念から切り離される結果、混じり気のない純粋さで、諸規範、特に究極の統一的な根本規範に帰属する体系が手に入る。存在と当為、因果的考察と規範的考察という[新カント派の]古い対置が、ゲオルク・イェリネック(11)とキスチャコフスキーが既に行ったよりも強く厳格に、だが、彼らと同じように、証明されていない自明さで、社会学と法学の対置へと転用されている。こうした区別が他の学問か認識論から法学に適用されるのは、法学の運命であるように思われる。ケルゼンは、この方法の助けを借りて、何ら驚くことのない次のような結論に到達する。法学的考察にとり、国家は純粋に法学的なもの、規範的に妥当するものでなければならない。つまり法秩序と並び、法秩序の外部に位置する何かの実在または思考物ではなく、まさにこの法秩序そのもの、ただし(ここに問題があるのは難点にならないようだ)統一体としての法秩序に他ならない。つまり国家は法秩序の創始者でもなければ、法秩序の源泉でもない。ケルゼンによれば、こうしたすべての観念は、統一的で同一の法秩序を人格化し、実体化し、相異なる主体へと二重化するものである。国家、すなわち法秩序は、究極の帰属点、究極の根本規範に帰属する体系である。国家内で妥当する優位と従属の関係は、統一的な中心点から最下位の段階に至るまで授権と権限が及ぼされる点に基づいている。最高の権限は、一人の人格や一つの社会学的・心理学的な権力複合体に帰属するのではなく、規範体系の統一体という主権的秩序そのものに帰属する。法学的考察にとり、現実の人格も擬制的人格も存在せず、帰属点のみが存在する。国家とは帰属の最終地点、すなわち法学的考察の本質をなす帰属が「休止できる」地点である。この「地点」は同時に「これ以上演繹できない秩序」である。本来の究極的で最高の規範から始まり、低次の委任された規範にまで及ぶ一貫した秩序の体系は、このように考えることができる。再三にわたり新たに繰り返され、学問上の敵対者に対し新たに持ち出される決定的議論はつねに同じままである。規範が妥当する根拠は、再び規範でしかありえない。したがって、法学的考察にとり、国家はその憲法、すなわち統一的な根本規範と同一である。

この演繹で強調されるのは「統一」という語である。「認識上の立場の統一は、否応なしに一元論的世界観を要求する」。社会学と法学という方法上の二元論は、一元論的形而上学で終わる。しかし、法秩序の統一体、すなわち国家は、法学の領域では、あらゆる社会学的なものを免れて「純粋な」ままである。この法学的統一は、体系全体の世界大の統一と同じ種類のものだろうか。もし自然法的体系や理論的一般法学の統一ではなく、実定的な現行秩序の統一を考えているならば、多数の実定的規定が、同じ帰属点を持つ統一へと還元できるのはなぜなのか。秩序、体系、統一といった言葉は、同じ要請を言い換えたものにすぎないから、この要請がいかに純粋に充足されるのか、「憲法」（これは「統一」のさらなる同語反復的言い換えか、あるいは粗野な社会学的・政治的な事実を意味する）に基づいていかに体系が成立するのかを示さなければならないだろう。ケルゼンによれば、体系的統一とは「法学的認識の自由な行為」である。点とは秩序や体系であり、規範と同一であるべきだという興味深い数学的神話をここで問わないとしよう。そして、様々な帰属点に様々に帰属する思考上の必然性と客観性は、実定的規定、すなわち命令に基づかないとすれば、何に基づくのかを問うてみよう。［ケルゼンでは、］まるで全く自明の事柄であるかのように、繰り返し一貫した統一と秩序が語られる。自由な法学的認識の結果と、政治的現実の中でのみ統一すべく結合される複合体の間でまるで予定調和が成り立つかのように、高次の秩序から低次の秩序への段階の系列が語られ、それは、法学の対象に持ち出されるすべての実定的規定に見出されるのだそうだ。ケルゼンは、法学を純粋な形で規範的科学へ高めようとするが、規範的科学なるものは、法学者が自分の自由な行為から価値評価するという意味で、規範的ではありえない。法学者は、自分に与えられた(実定的に与えられた)価値を引き合いに出せるのみである。これにより、客観性が可能になるように見えるが、実定性との必然的関連は存在しない。確かに、法学者が引き合いに出す価値は彼に与えられているが、法学者は、相対主義的に優越した立場から価値に対し対処する。というのは、法学者は、「純粋に」とどまる限り、法学的に関心を寄せるすべてのことから統一を構成できるからだ。しかし、本来の難点を強い調子で無視し、体系的性格に矛盾するすべてのことを、形式的理由から不純だと排除するならば、統一と純粋さは容易に得られるものだ。何事にも立ち入らず、自分の法学が従来営まれてきた法学からいかに区別されるかをただ一つの具体例に即しても示さず、断固として方法論にとどまる者は、容易に批判することができる。方法論的要請や概念の先鋭化や鋭い批判は、準備作業としてのみ価値がある。この作業が、法学は形式的なものだと根拠付けるだけで、問題の核心に至らないならば、どんなに時間を費やしても、法学の控室にとどまるだけだ。そして、エーリッヒ・カウフマンが(『新カント派法哲学の批判』の中で)、この種類の考え方が一次元的だと述べる時、この作業に大いに敬意を表している。従来、この作業はこうした一次元的性格の構想にとどまっている。

〔(2)クラッベ〕

ケルゼンは、主権概念の問題を否定することで解決する。彼の演繹の結論とは、「主権概念は断固として排除しなければならない」である(『主権の問題』三二〇頁)。これは、実質的に法に対して国家を旧自由主義的に否定することであり、法を実現するという自立的問題を無視することである。この見解の重要な説明はH・クラッベに見出される。クラッベの『法主権論』(一九〇六年、一九一九年のドイツ語・増補第二版では『近代国家思想』の表題)は、国家ではなく、法が主権者であるというテーゼに基づく。ケルゼンは、ここにもっぱら国家と法秩序の同一説の先駆者を見出しているようだ。実際には、クラッベの理論はおそらくケルゼンの結論と共通する世界観的根幹を持つだろうが、まさにケルゼンに独創的な方法論の点では、オランダ法学者「クラッベ」とドイツ新カント派の認識論的・方法論的区別の間には何の関連もない。クラッベが言うように、「法主権論とは、どう受け取るかに応じて、現実に存在する状態の記述か、あるいはその実現を目指して努力するべき要請かである」(三九頁)。クラッベによれば、近代国家思想は、(王や統治権者のような)人格的暴力の代わりに、精神的権力を置く。「我々は今や、自然人であれ、構成された法人格であれ、もはや人格の支配下にはなく、規範や精神的力の支配下にある。そこに近代国家思想が示される」。「これらの力は、言葉の厳格な意味で支配している。というのも、人間の精神的本性から生じるからこそ、これらの力には自発的に服従することができるからだ」。法秩序の基礎や起源は、「国民同胞の法感情、法意識にのみ見出すことができる」。「この基礎に関してこれ以上議論する必要はない。これは、現実に価値を持つ唯一のものである」。クラッベは、支配形式に関する社会学的研究には関わらないと言うけれども(七五頁)、近代国家の組織形態に関して本質的に社会学的な説明を行う。そこでは、自立的な統治権力である職業官僚制が国家と同一視され、官吏関係が、通常の雇用関係と異なる特殊公法的関係と呼ばれる。公法と私法の対立は、主体の現実における区別に基づく限り、根本的に拒否される（一三八頁）。全領域における分権化と自治のさらなる発展は、近代国家思想をますますはっきりと明確にする。国家ではなく、法が力を持つとされる。「絶えず新たに立てられた国家の旧指標たる権力と、権力現象という国家の定義は、次の唯一の条件の下で今後も容認することができる。つまり、権力に関しては、権力は法の中で示され、法規範の公布を通じてのみ効力を発揮できると承認される。だが、同時にその場合も、立法であれ、法の変更であれ、もっぱら法の創出において国家がその存在を際立たせる点にこだわらなければならない。つまり、法律の適用や何らかの公共利益の認知においてではない」（二五五頁）。国家は、法を「形成する」任務のみを、すなわち諸利益の法的価値を確認する任務のみを持つ（二六一頁）。

「何らかの諸利益に対する支配によってではなく、あのすべての諸利益と他のすべての諸利益が法的価値を受け取る本来の法的源泉によってのみ［国家概念を定めなければならないことがますます明らかになる］」（二六〇頁）。国家［の任務］は、もっぱら法の創出に限定される。だが、これは、国家が法の内容を創出することを意味しない。国家は、国民同胞の法的意識にしたがい生じる諸利益の法的価値を確認する以外には何もしない。そこには二重の限定が見られる。第一に、利益や福祉に対立する法への限定、すなわちカントの法論では素材と呼ばれるものへの限定であり、第二に、決して構成しない・宣言的な確認行為への限定である。実質的形式としての法の問題がまさにこの確認行為にあることは、以下に述べることから明らかになるだろう。クラッベでは、法と利益の対立は形式と素材の対立ではないことに注意しなければならない。公共の利益は法に服していると彼が言う場合、これは、近代国家では、法的利益が最高の利益であり、法的価値が最高の価値であることを意味する。

⑶プロイス

クラッベは、中央集権的官憲国家に共通に反対する点で、団体理論に接近している。官憲国家とその法学者に対する闘争は、フーゴー・プロイス[13]の有名な著作を想い起させる。団体理論の創始者であるギールケ[14]自身は、国家概念を次のように定式化した。「国家ないし支配者の意志が法の究極的源泉ではなく、人民の生活から生み出される法意識を表明するため呼び出される人民の機関が法の究極的源泉である」(「国法の根本概念と最近の国家論」〔『全国家学雑誌』第三〇巻〕三一頁)。支配者の人格的意志は、有機的全体である国家に組み込まれる。だが、ギールケにとり、法と国家は「対等な力」である。彼は、両者の相互関係という根本的問いに対し、両者は人間の共同生活の二つの自立的要素であり、一方は他方なくして考えられないが、いずれも他方を通じて存在するのでも、他方に先立ち存在するのでもないと答える。革命的な体制転換の場合、法的断絶が見られる。法的連続性の切断は、倫理的に必要とされ、歴史的に正当化されうるが、法的断絶は残される。だが、「人民の法意識にとり充分な何らかの法的出来事を通じて」、例えば、憲法協定や人民投票や慣習の正当化する力により、法的断絶は治癒され、事後的に法的根拠を手に入れることができる(三五頁)。法と力が見出され、これを通じて、通常は耐えがたい「緊張状態」が解消される傾向が存在する。もっとも、国家の対等な性格は、次の点により不明確にされる。国家の立法は、ギールケにとり、国家が法に対し押印する「究極の形式的印章」にすぎず、「国家の刻印」は、「外的・形式的価値」しか持たない。つまりクラッベが「法的価値の単なる確認」と呼んだものにすぎず、法の本質には含まれない。したがって、ギールケによれば、国際法は、国法ではないが、法でありうる。こうして国家が、単に宣言するだけの布告者の役割に押しやられるならば、国家は、もはや主権者でありえない。プロイスは、団体理論を議論して、主権概念を官憲国家の残滓として拒絶し、団体により下から構築される共同体の中に、支配の独占を必要とせず、主権なくしても間に合う組織を見出すことができた。［〜］

〔(4)ヴォルツェンドルフ〕

団体理論の最近の主張者の中で、ヴォルツェンドルフは、団体理論に基づき、「新たな国家時代の問題」を解決しようと試みた。彼の数多い論文(『ドイツの国際法思想』(一九一九年)、『国際法の嘘』(同)、『国法の精神』(一九二〇年)、「純粋国家」［『全国家学雑誌』第七五巻］(同)を挙げたい)の中でも、ここでは最後の著作「純粋国家」が最も興味深い。この著作は、国家は法を、法は国家を必要とするが、「より深い原理である法が、最終的に国家を拘束する」ことを前提とする。国家は、本来の支配権力だが、暴力による任意の強制力としてではなく、秩序の力、国民生活の「形式」として支配権力なのである。個人または団体の自由な行為が無力な限りでのみ、この力が介入するのが望まれる。この力は、最後の手段として背景にとどまるべきだ。秩序的なものは、経済的利益とも社会的・文化的利益とも結びついてはならない。というのは、これら利益は自治に委ねられなければならないからだ。ただし、自治のためには一定の「成熟」が必要だから、これは、ヴォルツェンドルフの要請にとっては危険となるかもしれない。というのは、こうした歴史的・教育学的問題は、歴史の現実では、しばしば討論から独裁へと予期しない形で転換するからだ。ヴォルツェンドルフの純粋国家は、秩序維持機能に限定された国家である。この機能には法形成も含まれる。あらゆる法は国家秩序の存続の問題だからだ。国家は法を維持すべきだ。国家は「命令者ではなく番人」だが、番人だとしても、「盲目的な奉仕者」であるばかりか、「責任ある最終決定を下す保証人」である。ヴォルツェンドルフは、評議会《レーテ》思想を、国家を「純粋に」国家に帰属する機能へ限定し、団体自治へ至るこの傾向の表現だと見なす。

ヴォルツェンドルフが、「最終決定を下す保証人」という表現により、団体的・民主的国家観とは極端に対立する権威主義的国家理論にどれほど接近したと自覚していたかは分からない。したがって、クラッベや団体理論の前述の代表者に対して、ヴォルツェンドルフのこの最後の著作はとりわけ重要である。この著作は、討論を決定的概念へ、つまり実質的な意味での形式の概念へともたらす。秩序の力自体は高く評価され、保証機能は自立的なものだから、国家はもはやただ法思想を確認する者、法思想を「外見上形式的に」切り換える者ではない。法論理的な必然性により、あらゆる確認と決定の中にどれほど構成的要素が、すなわち形式固有の価値が含まれているかという問題が生じる。ヴォルツェンドルフは、「社会的・心理学的現象」、すなわち歴史的・政治的生活で作用する要素である形式について語る。この要素の意味は、相互に作用し合う政治的原動力が、国家体制の思想構造を、構造的に予測できる固定した要素として捉えるのを可能にする点にある(〔「政治理念の国家理論的形式」〕『公法論叢』第三四巻〔一九一五年〕四七七頁)。つまり、国家は生活形成の意味における形式になる。ヴォルツェンドルフは、予測可能な仕方で機能する目的に役立つ生活形成と、ヘルマン・ヘーフェレが使用するような審美的意味の形式の間で明確に区別しなかった。

〔(5)カウフマン〕

今日、問題になっているのは、新カント派法哲学のアプリオリで空虚な可能性ではなく、実質的意味の形式であることは、エーリッヒ・カウフマンの『新カント派法哲学の批判』(テュービンゲン、一九二一年)から明らかになる。カウフマンは、形式と内容の対立が、単なる概念上の対象としては必然的に相対的であり、特定の相対的な認識目的に仕えること、つまりあらゆる要素が形式として現れうることを正しく強調する。新カント主義は、カントと異なり、形而上学ではなく、単に認識理論であろうとするが、認識論的理由からなされた形式と内容の分離により、支配的な経験的実在論をそのまま存続させる。カウフマンは、超越論的観念論が極めて平板な実証主義と結合することができ、この〔新カント派の〕法哲学全体が、大げさな無条件性と純粋さにもかかわらず、いつも通常の経験論で終わってしまうというこの奇妙な現象を次のように説明する。この法哲学は、生の現実を捉えるのを放棄しており、――カントでは価値と現実が再び統一される形而上学的土台をなしている――自然概念を非難されずに放棄できると信じている。国法学では、ラーバント[15]学派の法実証主義とその構成的形式主義が、新カント派法哲学の次のような傾向に対応する。すなわち、法が成長してくるあらゆる歴史的・社会学的所与と形態を、法学を超えたものと見なし、法学的概念の外部に追放し、古い合理主義的偏見にしたがい、実体なき一次元的単純さを、方法的にも、しばしば形而上学的・倫理的にも価値あるものと見なし、実体化するという傾向である。こうした合理主義は、これに対立するあらゆる形而上学に対しても、極めて没精神的な歴史心理学や経済的唯物論の歴史哲学に対しても無力である。こうした合理主義は、時代の形而上学的関心に何も答えないし、古い合理主義を偉大な形而上学とした信仰、すなわち経験的現実の合理性への信仰も、人間の無限な完成可能性と歴史上の永遠の進歩への信仰も決して共有しない。

新カント派合理主義に対するこの批判も形式の問題で終わる。新カント派の形式主義に対し、形式と内容の概念の相対性を正しく主張した後に(三七頁)、結論は次のように言う。新カント派の合理主義的な、形而上学から自由な認識論は、湧き立つ生を制御し、混沌に対し何ら秩序を付与できない。そこに大きな危険がある。「というのも、我々は、生きることができるためには形式を必要とする。[……]しかし、生きた形式のみが生を可能にし、死ぬことができるという生の運命を共有する。しかし、合理的思考によってのみ得られた抽象的形式は、固く硬直しており、既に死んでいるから、死ぬこともできない」[一〇一頁]。

これは、形式主義とニヒリズムという二つの極端の間の中庸なのか、それとも生きたものと死んだもの、有機的なものと機械的なものというあの古い対立項の繰り返しにすぎないのか。カウフマンは、これまで生または非合理性の哲学を叙述していない。彼の著作は、本質的に批判的であるにもかかわらず、また多くの命題が圧縮された個別研究のように現れるアフォリズム的仕方にもかかわらず、法学者の手になる公刊物の中でも、これまで、新たな精神的強さと新たな「現実の探究」をただ一つ強烈に表現したものである。〔〜〕

マックス・ヴェーバーは、極めて実質的な合理主義者だとしても、エーリッヒ・カウフマンに比べれば、まだ合理主義者だが、すでに長い間、シュタムラー(16)の法学の空虚な自明性には我慢できなかった。今や全く別の精神的態度から、一法学者が、国家という主題を論じようと試みる。新カント派の法哲学は、つねに国家についてではなく、法についてのみ語った。主権の問題を解決しようとする唯一の体系的試みは、ケルゼンの場合、国家と法の間の区別を認めず、国家を法秩序と同一視することで終わった。カウフマンの著作は、本質的に批判的にとどまろうとする限り、真の主権理論を提供できなかった。しかし、いずれにせよ、彼が信仰告白する生の哲学は、新カント派の法哲学が現行秩序としての法を関心の中心に据えるのと同じように、現に存在する勢力としての国家を関心の中心に据えなければならない。〔〜〕

今日いわゆる方法論論争を支配している過度に単純な機械的区別を見るならば、エーリッヒ・カウフマンの国家理論に対しても、機械的な自明さで社会学の語を対置し、法学の規範的性格を教えようとする恐れがある。実際には、カウフマンは、彼のこれまでの著作から読み取れる限りでは、本質的に社会学者ではなく、歴史哲学者である。彼の著作『国際法の本質と事情変更の原則』では、国家は、生の充溢を歴史の中に、歴史の永遠の生成の中に持っている。もっとも、ここではまだ合理主義的契機が示されている。例えば、「法の強制は、強制する共同体が正しい目標を追求することからのみ、究極的権限を手に入れる」(一四五頁)。内容の正しさや強制の権限へのこうした問いは合理主義的である。具体的共同体から見れば、まず、目的の内容や強制の内容ではなく、強制する者は誰かを問わなければならないだろう。カウフマンのこの書によれば、国家共同体の価値は、すべての個人の力を寄せ集め、人間の文化生活の計画全体へと集約し、世界史の歩みに導き入れる点にある。〔…〕

では、彼は、どれほど非合理主義的な歴史哲学を与えているのか。『事情変更の原則』の書で作用しているヘーゲル体系の合理主義は、歴史に対しても尻込みしないから、極めて大胆な合理主義にすぎない。これに対し、『新カント派法哲学の批判』やカウフマンの最近の論文(『調査委員会と国事裁判所』(ベルリン、一九二〇年)や「ドイツ帝国とプロイセンにおける政府形成」に関する見事な小論文、『ヴェストマルク』(一九二一年)三号)では、論争的な言い回しにすぎないにせよ、時々、決定的な非合理主義が現れる。この非合理主義は、ジョルジュ・ソレルほど極端ではない。ソレルは、政治生活と国家論的思考の形式を、問題に適合した内容上の関連を含まず、非合理的現実の海を漂うだけの一種の記号と旗印としか捉えない。むしろ真の形式は、素材の内在的な法則から読み取るべきである。つねに、「法的合理化を剥奪された非合理的性格の存続に暴力を加える」ことがないよう警告される。

論証の構造、政治観、哲学的確実さ、自由に使える素材、これらすべての点で、カウフマンはヴォルツェンドルフと極めて対照的である。二人ともギールケの団体理論に由来するが、これは、団体理論が唯一の政治的・法学的結論以上のものを含みうること、さらには対照的形而上学と結合しうることを示す。ヴォルツェンドルフは、つねに人道的で進歩の信仰者であり続ける。彼は、団体理論にもかかわらず、人生観からして本質的に一八世紀の人間である。これは、コンドルセへの称賛に最もよく示されている。ヴォルツェンドルフの言明が時々矛盾に充ちており、スケッチ風にとどまっている点は、一貫した具体的生の哲学者にとり、反論すべき理由にはならない。不器用さとスケッチ的性格にも強い生命力が現れることがある。そこで、カウフマンは、自分がヴォルツェンドルフと比べられるのを受け入れなければならない。この際、両者は、相違しているにもかかわらず、「形式」を要求する点で一致することが明らかになる。ギールケは、国家が「ただ外面上形式的に」活動すると語ることができた。ヴォルツェンドルフにとり、国家は、形式としてのみ価値を持ち、形式を欠いて形成された素材に価値を与える。カウフマンは、『新カント派法哲学の批判』を「生きた形式」の要求で結んでいる。

［二　技術的・審美的形式に対する法形式の特性は決定に基づく］

哲学において形式概念をめぐり広がっている混乱は、ここでは社会学と法学において特に危険な形で繰り返される。法形式、技術的形式、審美的形式、最後に超越論哲学の形式概念は本質的に異なる物事を指している。マックス・ヴェーバーの『経済と社会』の一部をなす」『法社会学』は、三つの形式概念を区別している。ヴェーバーにとり、第一に、法的内容を概念的に精密化したものが、法的内容の取る法形式であり、彼の言うように、「了解的行為の因果的要素」をなす限りでのみ規範的規制となる。

第二に、ヴェーバーが専門領域の分化を語る場合、形式という語は、合理化され、専門的に訓練され、最終的に予測可能なことと同一視されている。そこで、形式的に発展した法は、自覚された決定規準の複合体であり、社会学的には、そのため、訓練された法専門家、官僚化された司法の担い手等が必要になる。専門的な訓練、すなわち(ママ!)合理化された訓練は、交渉の欲求が増大するにつれて必然的になり、そこから特殊法学的なものへの法の現代的合理化と「形式的特質」の形成が生じてくる(『法社会学』第二章・第一節)。そこで、形式とは、第一に法学的認識の超越論的「条件」を意味しうる。第二に、形式とは反復練習と専門的思考から生じる一様な規則正しさであり、これは、一様であることの予測可能性ゆえに、第三の「合理主義的」形式へ移行する。すなわち、交渉の必要から、または法的教養を持つ官僚制の利害から生じる、予測可能性を目指した技術的完全性であり、これは円滑に機能する理想により支配されている。

ここでは、新カント派の形式概念に立ち入る必要はない。技術的形式に関して言えば、これは、合目的性の観点に支配されており、確かに組織化された国家機構に適用できるが、「司法形式」には関係しない精密化を意味する。軍隊の命令は、精密である点で、法的理想ではなく、技術的理想に適合する。それが審美的に評価することができ、儀式にも開かれていることは、その技術的性格を何ら変えるものではない。「熟慮する」と「行為する」という太古のアリストテレス的対置は、二つの異なる形式を前提とする。「熟慮する」は法形式に接近し、「行為する」は技術的形式にのみ接近する。［〜］

法形式は法理念により支配されており、法思想を具体的な事実内容に適用する必要により、すなわち最広義における法実現により支配されている。法理念は、自分で実現できないから、現実へと転換するには、特殊な形態化と形式化を必要とする。(17) これは、一般的な法思考を実定法へ形式化する作業にも当てはまるし、実定的な一般的法規範を司法または行政へ適用する作業にも当てはまる。法形式の特性を論議する場合、ここから始めなければならない。

今日、国家論で新カント派の形式主義を排除しながら、同時に全く別の面から形式を要請するならば、これは何を意味するのか。これは、哲学史をかくも単調にしているあの永遠の取り違えの一つなのか。いずれにせよ、現代国家論のこの努力から、一つのことは確実に認識できる。形式は、主観的なものから客観的なものへと置き換えるべきなのである。［エミール・］ラスクのカテゴリー論の形式概念は、あらゆる認識批判的立場に見られるように、まだ主観的である。ケルゼンは、批判から得られるこうした主観主義的形式概念から出発し、法秩序の統一を法学的認識の自由な行為として把握するが、一つの世界観を信仰告白する時は客観性を望み、ヘーゲル的集合主義に対してすら国家主観主義だと非難する場合、自分自身［の主張］に矛盾している。彼が自分に対し要求する客観性とは、あらゆる人格的なものを回避し、法秩序を非人格的な規範の持つ非人格的な効力へ還元する点に尽きている。

主権概念の様々な理論――クラッベ、プロイス、ケルゼン――はこうした客観性を望んでいるが、その場合、あらゆる人格的なものが国家概念から消え去らなければならない点で一致している。彼らにとり、人格性と命令は明らかに一体をなす。ケルゼンによれば、人格的命令権の観念は国家主権論の本来の誤りをなす。ケルゼンは、国家の法秩序の優位説を「主観主義的」であり、法理念の否定だと呼ぶ。というのも、客観的に妥当する規範の代わりに命令の主観主義を据えるからである。クラッベでは、人格的なものと非人格的なものの対置は、具体的なものと普遍的なもの、個人的なものと一般的なものの対置と結びついており、この対置を、統治権者と法規、権威と特質の対置へと、一般的な哲学的定式では、人格と理念の対置へと推し進めることができる。こうした仕方で、人格的命令を抽象的規範の持つ客観的効力に対立させるのは、法治国家の伝統に一致している。一九世紀の法哲学では、例えば［ハインリヒ・］アーレンスが、これを特にはっきりと興味深く説明した。プロイスとクラッベにとり、あらゆる人格性の観念は、絶対君主政の歴史的影響作用なのである。**だが、エーリッヒ・カウフマンも、「形式的権威」に対する論争で、このカント的観念を絶対主義の官憲国家的法概念に還元している（五四頁）**。これらの異論はすべて、人格性の観念と形式的権威との関連が特殊法学的関心に由来していること、すなわち法的決定の本質をなすものの特に明確な意識に由来しているのを見逃している。

最広義におけるこうした決定は、あらゆる法的知覚に含まれている。というのは、あらゆる法思想は、決して純粋な形で現実になることのない法理念を異なる集合状態へと転換し、法理念の内容からも取り出すことができず、何か実定的な一般的法規範の適用では、一般的法規範の内容からも取り出すことができない一契機を付け加えるからである。あらゆる具体的な法律的決定は、内容上は無関心な一契機を含んでいる。というのは、法律上の結論は、最後まで残らずに、その前提から導き出すことができるものではなく、決定が必要だという事情が、自立した決定的契機にとどまるからである。この際、こうした決定の因果的・心理学的成立が問題なのではなく、ここでも抽象的決定そのものは意味を持つけれども、法的価値の確定が問題なのである。社会学的に言えば、決定が確定されていることへの関心は、特に集約的な交換経済の時代に現れる。というのも、数多い事例では、しばしば交換[に携わる者]は、特定の種類の内容よりも、予測可能なように確定されていることへ関心を持つからである(私は、しばしば、列車時刻表が個々の場合に発車時刻や到着時刻をいかに定めているかよりも、私が合わせることができるように、時刻表が信頼できる仕方で機能していることに関心を寄せる)。法的取引では、手形法のいわゆる「形式的な手形厳正」がこうした関心の事例を提供する。決定そのものへの法的関心は、この種の予測可能性と混同するべきではない。決定への法的関心は、規範的なものの特性に基づいており、判断基準としては法的原理のみが一般的普遍性の形で与えられるけれども、具体的な事実は具体的に判断しなければならないことから生じる。そこで、どんな場合も変換が見られる。法理念がそれ自身から変換できないことは、法理念は、誰が適用するべきかについて何も言えないことから明らかである。あらゆる変形には権威の介入がある。

どんな個人やどんな具体的機関がこうした権威を自分に要求できるかを判別する規定は、法規の法的特質からは取り出すことができない。これは、クラッベが絶えず無視している難点である。

[三　決定の内容、決定の主体と決定自体の自立的意味]

決定を下すのは権限ある当局だったことが、決定を、決定内容の正しさから相対的に——場合により絶対的にも——独立させて、疑いが生じうるかどうかのさらなる討論を断ち切ってしまう。その瞬間に、決定は論議による根拠付けから独立し、自立した価値を受け取る。誤った国家行為説では、このことの理論的・実践的意味すべてが明らかになる。正しくない誤った決定にも法的作用が及ぶ。正しくない決定は、まさに正しくないがゆえに、全体を構成する契機を含んでいる。そもそも絶対に宣言的な決定はありえないことが、決定の理念に含まれている。根底にある規範の内容から見れば、決定に特有のあの構成的な契機は新しい異質なものである。規範的に見れば、決定は無から生まれている。決断の法的力は、根拠付けた結果とは別のものである。

規範の助けで帰属するのではなく、逆である。帰属点から初めて、何が規範であり、何が規範的に正しいかが定められる。帰属点が規範から生じるのではなく、規範内容の特質のみが規範から生じる。特殊法的な意味で形式的なものは、この内容上の特質とは対立するが、因果連関の量的内容とは対立しない。というのは、後者の対立が法学にとり考慮されないことは、本来は自明なはずだからである。

法形式の特殊な特性は、純粋に法学的本性に即して認識しなければならない。ここでは、決定の持つ法的力の哲学的意味について推測したり、または［アドルフ・］メルクルが語ったように、時空を超えた法の不動の「永遠性」について推測したりするべきではない（『公法論叢』一九一七年、一九頁）[18]。メルクルが、「法形式の発展はありえない、というのは、発展は同一性を廃止するからだ」と言う場合、結局は、形式の大まかな量的観念が彼に働いていることを明らかにしている。もっとも、この種の形式からは、いかにして人格主義的な契機が法と国家の学説に入ってくるかを説明できない。これは、一般的な法規のみが標準的でありうるとつねに前提してきた古くからの法治国家的伝統に対応する。ロックは、法律が権威を与えると言うが[19]、ここで、法律という語を、「委任」すなわち君主の人格的命令と意識的に対比させて使用している。しかし、ロックは、法律が誰に権威を与えるかを言わないのを見逃している。だが、誰もがどんな任意の法規でも執行し、実現できるわけではない。決定規範としての法規は、いかに決定するべきかを述べるのみであり、誰が決定するべきかを述べない。究極の機関が存在しないならば、誰もが内容上の正しさを引き合いに出せるだろう。しかし、究極の機関は、決定規範からは生じてこない。したがって、問題は権限への問いだが、この問いは、法規の内容的特質からは決して立てられないし、ましてや答えられない。権限への問いに対し、実質的法を参照するよう答えるのは、人を愚弄するのに等しい。

〔四　「決断主義的」思考の例としてのホッブズ〕

おそらく法学的性格には二つの類型が存在するが、法的決定の規範的特性に関する学問的意識がどれほど存在するかに応じて二類型を定めることができる。（私がこの語を造語してよければ）決断主義的な類型の古典的主張者はホッブズである。この類型の特性から、他の類型ではなく、ホッブズが、対立項の古典的定式である「真理ではなく、権威が法を作る」［原文ラテン語］（『リヴァイアサン』［ラテン語版］第二六章）[20]を見出したことも説明できる。権威と真理の対立項は、シュタールによる権威と多数の対立項よりも根本的で精密である。ホッブズは、この決断主義と人格主義との連関を含んでいる決定的な論拠も持ち出し、具体的な国家主権の代わりに抽象的に通用する秩序を据えようとするすべての試みを拒否した。ホッブズは、宗教権力は高次の秩序だから、国家権力は宗教権力に従属しなければならないという要求を論議し、こうした論拠に対し解答する。もしある「権力」が別の権力に従属するべきならば、これは、権力を持つ者が、別の権力を持つ者に従属するべきだということを意味するにすぎない。「ある権力を持つ者が、別の権力を持つ者に従属している」［原文英語、以下同じ］。優位と従属の関係について語り、同時に抽象的にとどまろうと努力するのは、ホッブズにとり理解できない（「我々は理解できない」）。「というのは、従属、命令、権利、権力は権力の属性ではなく、人格の属性だからである」（第四二章）。ホッブズは、彼の常識の誤りのない冷静さで極めて効果的に比喩の一つを持ち出し、これを描き出す。鞍職人の技術は騎手の技術に従属しているように、ある権力または秩序は、別の権力または秩序に従属していることがある。しかし、重要なことは、こうした抽象的な秩序の段階系列にもかかわらず、それゆえに個々の鞍職人を個々の騎手に従属させ、服従するように義務付けようとは誰も考えない点である。

一七世紀の抽象的な自然科学主義の最も一貫した主張者の一人が、このように人格主義的になるのは際立っている。だが、それは、ホッブズが、哲学者及び自然科学的思想家として自然の現実を把握しようとするのと同様に、法学的思想家として社会生活の効果的現実を把握しようとすることから説明できる。自然科学的な実在からなる現実である必要がない、法学的な現実や生活が存在するとは、ホッブズは意識しなかった。数学的相対主義と唯名論も互いに影響を及ぼし合っている。彼にはしばしば、国家の統一をあらゆる任意に与えられた点から構成できるように思われた。だが、法学的思考は、当時まだ自然科学的思考により圧倒されていなかったから、科学主義が強いあまりに、法形式の中にある法生活の特殊な実在を気づかずに無視することができなかった。ホッブズが探す形式は、特定の機関から始まる具体的決定の中に含まれている。決定が自立的意味を持つ場合、決定の内容と並んで、決定の主体が自立的意味を持つ。法生活の現実にとり、誰が決定するかが重要なのである。内容の正しさへの問いと並んで、権限への問いがある。法形式の問題は、決定の主体と内容の対立の中に、そして主体固有の意味の中にある。法形式は、まさに法的に具体的なものから生じるから、超越論的形式のアプリオリな空虚さを持たない。法形式は、技術的精密さの形式でもない。というのは、後者は、本質的に客観的な、非人格的な目的への関心を持つからだ。最後に法形式は、決断を知らない審美的形成の形式でもない。

第三章　政治的神学

［一　国家論における神学的観念］

近代国家論の主要な概念はすべて神学的概念を世俗化したものである。例えば、全能の神が万能の立法者になったことで、神学的概念が神学から国家論に転用されたという概念の歴史的発展からこう言えるだけではなく、概念の体系的構造においてもこう言える。その体系的構造の認識は、この概念の社会学的考察にとり必要である。例外状態は、法学にとり、奇跡が神学にとり持つのと類似した意味を持っている。このように類似した関係を意識して初めて、一九世紀に国家哲学的思想がたどった発展を認識することができる。というのは、近代法治国家の理念は、理神論と共に勝利を収める。つまり、主権者の現行法秩序への直接介入を拒否するのと同様に、奇跡を世界から追放し、奇跡概念の中に含まれる自然法則の中断を、［神の］直接介入による例外の制定として拒否する神学や形而上学と共に勝利を収める。啓蒙の合理主義は、あらゆる形式の例外事例を拒否した。そこで、反革命の保守的著作家の有神論的確信は、有神論的神学からの類推により、君主の人格的主権をイデオロギー的に支えようと試みることができた。

私は、以前から、こうした類推の持つ根本的な体系的・方法的意味を指摘してきた（『国家の価値と個人の意義』（一九一四年）、『政治的ロマン主義』（一九一九年）、『独裁』（一九二一年））。奇跡概念がこの関連で持っている意味の詳しい説明は、別の箇所に取っておかなければならない。ここでは、法学的概念の社会学にとり、この関連がどれほど考慮されるかがもっぱら関心を引く。この種の類推の最も興味深い政治的利用は、反革命の国家哲学者たち、つまりボナール、ド・メーストル、ドノソ・コルテスに見出される。(21) 彼らを一見しただけでも、何らかの神秘的、自然哲学的、ましてやロマン主義的な遊戯が問題ではなく、概念上明確な体系的類推が問題であることが見て取れる。前者の遊戯は、他のすべてと同じく、もちろん国家と社会にも、多彩な象徴や比喩を見出す。**ドイツ法学者の中では、おそらくエーリッヒ・カウフマンのみが、一時期のすべての精神的表現を貫き通す統一的性格に注意を払い、これにより、法学的問いを普遍的文脈の中にもたらした。**しかし、あの類推の最も明確な哲学的表明は、ライプニッツの『法学を学習し教授する新方法』(〔一六六七年〕第四・第五節)に見られる。彼は、法学と医学や数学との比較を拒否し、法学と神学との体系的親近関係を強調する。「われわれが自らの行う区分の模範を神学から法学へ移すのは正当である。なぜなら両学科の類似は驚くほどだからである」〔原文ラテン語〕[22]。神学と法学の両者は二重の原理を持つ。理性(ここから自然神学と自然法学が生じる)と書物、すなわち実定的な啓示と指令の書である。

アドルフ・メンツェルは、論文『自然法と社会学』(ウィーン、一九一二年)で次のように述べた。一七世紀と一八世紀に自然法が果たしていた機能とは、歴史哲学的な構成または理想を表現する正義の要求であったが、今日では社会学が同じ機能を引き受けた。彼は、このため、社会学が、実定化したとされる法学に劣っていると信じているように思われ、従来のすべての社会学体系は、「政治的傾向に科学的性格の外観を」与える結果になっていると示そうとする。しかし、実定法学の国法学文献を究極の概念と論拠にまで遡り研究しようと苦労する者は、至る所で国家が介入するのに気づく。国家は、時には、実定的立法の途中で機械仕掛けの神のように介入し、法学的認識という自由な行為が一般に納得できる解決に導けなかった論争を解決し、時には、恩赦や特赦により、自分自身の法律に対する優位を証明する善良で慈悲深い存在として介入する。いつも同じ不可解な同一物が、立法者として、執行者として、警察として、恩赦機関として、救済者として介入するから、一定の距離を取り、今日の法学の全体像を感じ取ろうと苦労する観察者から見れば、国家が、多くの扮装をまといつつも、いつも同じ見えない人格として演じる一大活劇が現れる。どんな国法学の教科書でも耳にする現代立法者の「全能」とは、言葉の上だけで神学から取り出されたものではない。論証の個々の点でも神学の名残が現れる。

もちろん、大部分は論争のためである。実証主義の時代には、自分の学問上の敵対者を、神学または形而上学を行っていると好んで非難したがる。この非難が単なる中傷以上であるはずならば、少なくとも、こうした神学的・形而上学的逸脱への傾向は本来何に由来するのか、という問いが当然に生じえただろう。この逸脱が、有神論的神を国王と同一視した君主主義的国家論の影響作用としておそらくは歴史的に説明できるのか、それともこの逸脱の根底におそらく体系的・方法的必然性があるのか、研究しなければならなかっただろう。一定の形而上学者が、同じ目的のため、神の名前を濫用するのと同様に、矛盾する論拠や反論を思想的に克服する能力の欠如から、一種の思考の短絡で国家を思いつく法学者が存在することを、私は喜んで認める。しかし、これでは実質的問いにはまだ答えられていない。これまでは、一般にさりげない示唆で満足してきただけである。**特にラーバントの国家論に対して、**［国家を持ち出す］**こうした反論が唱えられてきたが、この反論は、エーリッヒ・カウフマンが、あらゆる形而上学的基礎付けが欠けていると言い、ラーバント学派を非難するのと一定程度矛盾している。**［〜］

［アルベルト・］ヘーネルは、著書『形式的意味と実質的意味の法律』［一八八八年］で（一五〇頁）、古い異論を持ち出した。つまり、あらゆる国家意志の必然的な統一的性格と計画性（彼は、こうした必然的な統一的性格と計画性を決して疑わない）のため、あらゆる国家機能を唯一の機関へ統合するよう要求するのは「形而上学」であるという。プロイスは、同様に、敵対者を神学的・形而上学的領域へ追放して、自分の団体論的国家概念を弁護しようとする（『ラーバント記念論集』第二巻、一九〇八年、二三六

頁)。ラーバントやイェリネックの国家論の主権概念や「国家の単独支配権力」の理論は、国家に神秘的に創出された支配の独占を認めて、国家を抽象的な疑似的個人、「独自の単独者」に作り上げる。プロイスによれば、これは、王権神授説の法学的変装であり、宗教的擬制を法学的擬制に置き換えるという変容を加えたマウレンブレッヒャー説の反復である。[23]こうして有機的国家論の代表者は、自分の敵対者に対し、神学化していると反論するのに対し、[エドムント・]ベルナツィックは、「法人格概念に関する批判的研究」で(『公法論叢』第五巻、一八九〇年、二一〇、二二五、二四四頁)、逆に、まさに有機的国家論に対し異論を唱え、シュタイン、[ヘルマン・]シュルツェ、ギールケ、プロイスの見解を嘲笑的コメントで片付けようとする。全体人格の機関が再び人格であるべきならば、あらゆる行政機関、あらゆる裁判所等も法人格となるだろうが、国家全体は同様に再び唯一の法人格となるだろう。「これに比べれば、三位一体の教義を把握しようとする試みは瑣末なことだろう」。全体的集合人格が法人格であるという[オットー・]シュトッベの意見も、「そうした再び三位一体の教義を想い起こさせる表現」は理解できないという命題で片付ける。もちろん、ベルナツィック自身は言う。「既に権利能力の概念の中に、その源泉たる国家の法秩序は、自己自身をあらゆる権利の主体として、したがって法人格として定立しなければならないことが含まれている」。この自己自身の定立は、彼にとり、あまりに単純で納得できそうだから、異なる意見を「ただ奇妙なこと」だと言及するだけであり、つねに人格のみが他の人格の根拠でありうるとシュタールが言うのに比べて、権利能力の源泉である法秩序、しかも国家の法秩序が自己自身を所産として定立するのはなぜ高度に論理的に必然であるのかを自問しない。

ケルゼンには、一九二〇年以来、彼固有の強調を加えて、神学と法学の方法的親近性を指摘したという功績がある。最近の著作『社会学的国家概念と法学的国家概念』で、ケルゼンは、数多いが散漫な類推を挙げているが、より深い理念史的洞察から見れば、この類推から、彼の認識論的出発点と世界観的・民主的結果の間には内的異質性があるのを見て取れる。というのは、彼が、法治国家に従い国家と法秩序を同一視する根底には、自然法則と規範法則を同一視する形而上学が置かれているからだ。この形而上学は、もっぱら自然科学的思考から生じており、あらゆる例外を人間精神の領域から追放しようとするすべての「恣意」の拒否に基づいている。神学と法学の類比の歴史の中では、こうした確信の実例はおそらくJ・S・ミルに最もよく見出される。ミルもまた、客観性への関心と恣意への恐れから、あらゆる種類の法則の例外なき効力を強調したが、ケルゼンと異なり、法学的認識という自由な行為は、あらゆる任意の実定的法律の多数からその体系の宇宙を形成できるとは想定しなかった。というのは、これにより客観性が再び廃棄されるからである。無条件の実証主義が、彼に投げ出された法律を直接の頼りとするか、それとも体系を作ろうと最初に苦労するかは、客観性の情熱に突然陥る形而上学に対して、何の違いも正当化しないだろう。ケルゼンは、方法論的批判を一歩越えて進むや否や、全く自然科学的な原因概念で操作する。これは、彼が、スコラ派的思考の実体概念が数学的・自然科学的思考の実体概念とは全く別物であるのに気づかず、ヒュームとカントによる実体概念批判を国家論にも転用できると信じている点(『国家概念』二〇八頁)に最もよく示されている。法の実体と執行の区別は、主権概念の教義史では根本的意味を持っているが(私は、私の書『独裁』四四頁、一〇五頁、一九四頁で、これを指摘した)、この区別は、自然科学的概念ではそもそも把握できないが、法学的論証の本質的契機なのだ。ケルゼンが民主政に対して信仰告白する根拠付けには、体質的に数学的・自然科学的種類の彼の思考様式が公然と表れている(「民主政の本質と価値」『社会科学・社会政策雑誌』[第四七巻]

一九二〇年、八四頁)。民主政は、政治的相対主義の表現であり、奇跡と教義から解放され、人間の知性と批判的懐疑に基づく科学主義の表現なのだ。

［二　法学的概念の社会学、特に主権概念の社会学］

主権概念の社会学にとり、法学的概念の社会学一般を明確に認識することが必要である。法学的概念の社会学は一貫した根本的なイデオロギーを前提とするからこそ、ここでは、神学概念と法学概念の間のあの体系的類推が強調される。そこには、唯物論的歴史哲学に対立する唯心論的歴史哲学が含まれていると信じるならば、それは悪しき誤解だろう。もっとも、根本的に唯物論的な歴史哲学に対し、同様に根本的に唯心論的な歴史哲学を断固として対置できるという、マックス・ヴェーバーがシュタムラー法哲学の批判で述べた命題(24)につき、復古時代の政治的神学が見事な解説を与えてくれる。というのは、反革命的著作家たちは、政治的変革を世界観の変革から説明し、フランス革命の原因を啓蒙の哲学に求めたからである。逆に急進的革命家たちが、思考の変革を政治的・社会的状況の変革に帰したとすれば、それは明確な反対命題にすぎなかった。宗教的・哲学的・芸術的・文学的変革は、政治的・社会的状態と密接に関連するというのは、すでに一八二〇年代に西欧で、特にフランスで広がった教義だった。マルクス主義の歴史哲学では、政治的・社会的変革にも帰属点が探し求められ、経済的なものに見出されたから、この関連は経済的なものへと徹底され、体系的に真剣に受け取られた。この唯物論的説明は、至る所に経済的関係の「反映」「反射」「扮装」のみを見出し、一貫して心理学的な説明・解釈によって作業し、少なくとも通俗の形では、疑惑によって作業するから、イデオロギー的帰結を別個に考察するのを不可能にする。だが、唯物論的説明は、あらゆる思考を生命力ある出来事の関数かつ流出物だと捉えるから、まさに強力な合理主義のゆえに、非合理主義的な歴史観へと容易に転化しうる。こうした仕方で、ジョルジュ・ソレルのアナルコ・サンディカリズム的社会主義は、ベルグソンの生の哲学をマルクスの経済的歴史観と結び付けることができた。

物質的出来事の唯心論的説明と精神的現象の唯物論的説明は、いずれも因果連関を突き止めようとするものである。両者は、最初に二つの領域の対立を立て、次に一方を他方に還元して、この対立を再び無へと解消するが、この手続きは、方法的必然性により戯画化せざるをえない。エンゲルスが、カルヴァン派の予定説を、資本主義的自由競争の無意味さと予測不可能性の反映と見なすならば、同様に現代の相対性理論とその成功を、今日の世界市場の為替相場に還元できるし、その経済的土台を見出しただろう。これを概念の社会学または理論の社会学と呼ぶ用語法があるが、ここでは問題としない。［〜］

特定の理念や知的形成物について、「その担い手となる」典型的な人間集団を見つけ、彼らが、社会学的状況ゆえに、特定のイデオロギーを結果的に持つのを探し出す社会学的方法の場合は別である。マックス・ヴェーバーが、専門的な法領域の分化を、訓練された法専門家、司法の官僚的担い手、法の名望家の形成に還元するならば（『法社会学』第二章・第一節）、それは、こうした意味で法学的概念の社会学である。社会学的に見れば、「職業上、法形成に従事する人間集団の特性」は、法学的論証の一定の方法と証拠を左右する。しかし、これも、まだ法学的概念の社会学ではない。概念的結果を社会学的担い手へと還元するのは、人間行動の特定種類の動機を確認する心理学である。これは、確かに社会学的問題だが、概念の社会学ではない。この方法を精神的業績に適用すれば、これは、環境から説明する仕方になったり、あるいは、官僚・弁護士・国立大学教授のような特定類型の社会学として知られる、機知に富んだ「心理学」になったりする。例えば、ヘーゲル体系を職業上の講師の哲学と呼ぶならば、すなわち絶対的意識の観想的優位を意識し、哲学講師の職業を遂行するのが経済的・社会的状況から可能な者の哲学と呼ぶならば、これをヘーゲル体系の社会学と見なすだろう。また、ケルゼンの法学を、政治情勢が変転する中で働く法律官僚のイデオロギー、すなわち、極めて様々な支配形式の下で、時々の政治権力に対する相対主義的優位を維持しつつ、提出された実定的指示と規定を体系的に加工しようとする法律官僚のイデオロギーと見なすこともできるだろう。これは、一貫した仕方では、文学に組み入れるのが最良な種類の社会学、社会学的・心理学的な「肖像画」であり、その方法は、例えばサント・ブーヴの機知に富む文芸批評と何ら変わらない。

ここで提案される概念の社会学は全く別のものであり、主権のような概念に対し、唯一科学的成果を得る見込みがあるものである。この概念の社会学には、法生活の直近の実践的関心を目指す法学的概念を超えて、根本的に体系的な究極の構造を見つけ出し、この概念構造を、特定の時期の社会構造の概念的加工と比較する作業が含まれる。ここで、根本的に概念的な性格という理念的なものが、社会学的現実の反映なのか、それとも社会的現実が、特定の思考方式や行為方式の帰結として把握されるのか、この際に問題とはならない。むしろ、二つの精神的だが実質的な同一物を証明しなければならない。そこで、例えば、一七世紀の君主政が、デカルトの神概念に「反映される」現実的なものと呼ばれるとしても、これは主権概念の社会学ではない。しかし、君主政の歴史的・政治的存続が、西欧の人々の当時の意識状況全体に対応しており、歴史的・政治的現実の法学的概念形成が、形而上学的概念の構造と一致する構造を持つ概念を見出せたと示すのは、この時期の主権概念の社会学に含まれている。これにより、君主政は、この時代の意識にとり、民主政が後の時期に持つのと同じ明証性を獲得する。そこで、この種類の法学的概念の社会学の前提となるのは、根本的な概念的性格、すなわち形而上学的領域や神学的領域まで推し進められた一貫性である。特定の時代が作り出す形而上学的世界像は、政治組織の形式として容易に世間に理解されるものと同じ構造を持っている。こうした同一性の確認が主権概念の社会学なのである。それは、実際に、エドワード・ケアードがオーギュスト・コントの書で述べたように(25)、形而上学はある時期の最も強烈で最も明確な表現であることを証明する。

〔三　ある時期の社会構造とその形而上学的世界像との一致、特に君主政と有神論的世界像〕

「神の不変の命令を模倣する」〔原文フランス語、以下同じ〕ことは、一八世紀の合理主義に容易に理解される国家の法生活の理想だった。この箴言は、ルソーの書『政治経済論』〔一七五五年〕に見出されるが、ルソーでは、神学的概念の政治化はまさに主権概念において際立っており、彼の政治著作に真に精通する者はこれを見逃さなかった。〔エミール・〕ブトミーは言う。「ルソーは、哲学者が神について作り出した理念を主権者に適用する。主権者は、自分が欲するすべてをなしうるが、悪を欲することはできない」等（〔「人権宣言とイェリネック氏」〕『政治学年報』〔第四巻〕一九〇二年、四一八頁）。一七世紀の国家論では、君主は神と同一視され、デカルト主義の体系で神が世界内で占めるのとまさに類似した地位を、国家内で占めると〔フレデリック・〕アジェは述べた（『社会契約論の歴史の試論』一九〇六年、一三六頁）。「君主は、一種の永続的創造により、国家の潜在能力すべてを発展させる。君主は、政治世界に移されたデカルトの神である」。ここでは、まず心理学的に（現象学者にとり現象学的にも）、完全な同一性が形而上学的・政治的・社会学的観念を貫いており、人格的統一かつ究極の創始者として主権者を要請するが、［デカルト］『方法序説』の美しい物語は、その特別に教訓に富む事例を与える。『方法序説』は、すべてを疑う中で、迷わず自分の知性を使用することに安心を感じる新たな合理主義精神の記録である。「私は、万事につき自分の理性を使用すると確信した」。だが、突然思考しようと集中する精神が理解できる最初のことは何なのか。複数の職人により作り出された作品は、唯一人の職人が作った別の作品ほど完全ではないことである。「一人の建築家」が家も都市も建築しなければならない。最良の憲法は、唯一の賢明な立法者の作品である。それは「唯一人により発明された」。最終的に、唯一の神が世界を支配するのだ。デカルトがメルセンヌに宛てて書いたように［一六三〇年四月一五日付書簡］、「一人の国王が王国の法を制定するように、これら自然の法を制定したのは神である」。一七世紀と一八世紀は、こうした観念により支配されていた。これこそ、その決断主義的な思考様式を除けば、ホッブズが、唯名論と自然科学主義にもかかわらず、また個人の原子への解体にもかかわらず、人格主義的立場にとどまり、究極の具体的な決定機関を要請する理由の一つであり、さらに自分の国家、リヴァイアサンをも、巨大な人格へとまさに神話化するまでに高める理由の一つである。これは、ホッブズにとり擬人化ではなく――ホッブズは、神の擬人化を真に免れていた――、彼の法学的思考の方法的・体系的必然性である。もっとも、建築家と世界建設者の比喩は、因果性概念の不明確さを含んでいる。世界建設者は、創始者であると同時に立法者である、すなわち正統化する権威である。フランス革命までの啓蒙の全期間には、こうした世界と国家の建設者は「立法者」である。

[四　超越観念から内在へ、一八世紀から一九世紀への移行
――民主政、有機的国家論、法と国家の同一性]

この時代以来、もっぱら自然科学的な思考の帰結は政治的観念にも浸透し、啓蒙でも支配的だった本質的に法学的・倫理的思考を排除する。法規の一般的効力は、例外なく通用する自然法則的性格と同一視される。理神論的世界像では、主権者は、世界の外部であっても、大きな機械の組立工にとどまっていたが、徹底的に排除される。

今や、機械は自ずと進行する。神は特殊意志ではなく、一般意志のみを自ら表明するという形而上学的命題が、ライプニッツとマルブランシュの形而上学を支配する。ルソーでは、一般意志が主権者の意志と同一になる。だが、同時に一般的なものの概念が、その主体においても、量的規定を与えられる。すなわち人民が主権者になる。これにより、従来の主権概念に見られた決断主義的で人格主義的な性格が失われる。人民の意志はいつも善良であり、人民はいつも有徳である。「いかなる仕方で望もうとも、国民が望みさえすれば充分である。どんな形式でもよい。国民の意志はつねに最高の法律である」(26)［原文フランス語］（シィエス）。しかし、人民がいつも正しいものを欲する必然性は、主権者の人格的命令を際立たせる正しさとは別の必然性である。絶対君主政は、利害や同盟が抗争する闘争の中で決定を下し、これにより国家の統一を根拠付けた。人民が体現する統一は、この決断主義的性格を持っていない。この統一は有機的統一であり、国民意識と共に、有機的国家総体の観念が成立する。これにより、有神論的な神の概念も理神論的な神の概念も、政治的形而上学にとり理解できなくなる。確かに、まだしばらくの間、神観念の影響作用は認識できる。米国では、これは、「人民の声は神の声だ」という理性的・実用主義的信仰となり、この信仰は、一八〇一年ジェファーソンの［大統領選挙］勝利の根底にあった。トクヴィルは、アメリカ民主主義の叙述でも、すべてが始まり、すべてが回帰する万物の原因と目的として、神が世界の上位にあるように、民主的思考では、人民が国家生活全体の上位にあると述べた(27)。これに対し、今日では、ケルゼンのような重要な国家哲学者は、民主政を相対主義的で非人格的な科学主義の表現として把握できる。これは、実際には、一九世紀の政治的神学と形而上学で成し遂げられた発展に対応するものである。

一七世紀と一八世紀の国家哲学には、国家に対する主権者の超越性が含まれているように、同時期の神概念には、世界に対する神の超越性が含まれている。一九世紀に入ると、ますます広範囲にわたり、すべてが内在観念により支配される。一九世紀の政治的・国法的教義で繰り返し見られる同一性は、すべてこうした内在観念に基づいている。すなわち、治者と被治者の同一性という民主的テーゼ、有機的国家論とそこに見られる国家と主権の同一性、クラッベの法治国家論とそこに見られる主権と法秩序の同一性、最後に国家と法秩序の同一性というケルゼン説。復古時代の著作家が、最初に政治的神学を発展させた後で、現存秩序すべてに対する根本的敵対者のイデオロギー闘争は、ますます高まる意識と共に、支配と統一への信仰の最も極端な根本的表現である神の信仰一般に対し向けられた。オーギュスト・コントの明らかな影響の下で、プルードンは神に対する闘争を始めたが、バクーニンは、この闘争をスキタイ人の激しさで受け継いだ。もちろん、伝来の宗教的性格に対する闘争には、極めて様々な政治的・社会学的な動機があった。キリスト教会の保守的態度、王位と祭壇の同盟、極めて多くの大著作家たちが「落ちぶれた」結果、一九世紀に成立した文学芸術の天才的代表者たちが、少なくとも人生の決定的時期に市民生活から締め出されたという事情、これらすべては、決してまだ社会学的細部まで認識されて評価されてはいない。[〜]

発展の大きな進路は、疑いなく、多数の教養人の間であらゆる超越観念が消え去り、多かれ少なかれ明確な内在的汎神論か、それともあらゆる形而上学に対する実証主義的な無関心かが、彼らには自明になる方向に進んでいる。内在哲学は、最も見事な体系的建築物をヘーゲル哲学に見出したが、この内在哲学は、神概念を保持している限り、神を世界の中に引き入れ、客観的なものの内在から法と国家を導き出してくる。最も極端な急進派の間では、一貫した無神論が支配的になった。ドイツのヘーゲル左派は、［無神論との］この提携関係を最もよく意識していた。彼らは、神の代わりに人類が現れなければならないことを、プルードンに劣らずきっぱりと表明した。マルクスとエンゲルスは、自分自身を意識するようになる人類というこの理想が無政府主義的自由に終わらざるをえないことを決して見落とさなかった。ここでは、一八四二年から四四年にかけての若きエンゲルスの箴言は、まさに直観的な若々しさゆえに、最大の意味を持っている。「国家と宗教の本質は、人類の自分自身に対する不安である」(『初期著作集』G・マイヤー編、一九二〇年、二八一頁)。

この種の理念史的考察から見れば、一九世紀の国家論的発展は、二つの特徴的な契機を示す。あらゆる有神論的・超越的観念の除去と新たな正統性概念の形成である。[君主政の]伝来の正統性概念は、明らかに明証性を失う。復古時代の私法的・家産制的な形式も、感情的で敬虔さに富んだ愛着心への根拠付けも、この発展に抗することができなかった。**有神論的国家論の最後の体系的形成はシュタールの法哲学である。**(28) 一八四八年以来、国法論は実定的になり、通常は[実定的という]この言葉の背後に困惑をおおい隠すか、それとも極めて様々な言い換えで、あらゆる権力を人民の憲法制定権力に根拠付ける。すなわち、君主政的正統性の思想に代わり、民主主義的正統性の思想が現れる。[〜]

したがって、見事な急進主義によりあらゆる政治の形而上学的核心を自覚した決断主義的思考の最大の代表者の一人にしてカトリックの国家哲学者、ドノソ・コルテスが、一八四八年革命を見て、王党主義の時代は終わったという認識に達したことは、計り知れない意味を持つ出来事なのである。国王はもはや存在しないから、王党主義ももはや存在しない。したがって、伝来の意味の正統性も存在しない。そこで、コルテスにとり、独裁という結果のみが残される。これは、数学的相対主義が混合しているとしても、決断主義的思考の同じ帰結から、ホッブズも到達した結果である。「真理ではなく、権威が法を作る」。

この決断主義の詳しい叙述とドノソ・コルテスの立ち入った評価はまだ存在しない。ここでは、スペイン人の神学的思考様式が、法学的構造を持つ中世的思考の枠組みに全くとどまっている点を指摘できるだけである。彼の知覚すべて、彼の論拠すべては、究極の構成要素に至るまで法学的だから、一九世紀の数学的自然科学主義に対し、無理解な態度で向き合うが、それは、この自然科学主義が、決断主義に対し、そして人格的決断で頂点に達するあの法学的思考に特有の一貫性に対し、無理解な態度で向き合うのと同じである。

第四章　反革命の国家哲学
（ド・メーストル、ボナール、ドノソ・コルテス）

［一　反革命の国家哲学における決断主義］

永遠の対話という奇妙な観念は、ドイツ・ロマン派に特有のものである。ノヴァーリスとアダム・ミュラーは、永遠の対話を、彼らの精神を真に実現するものだと見て、この中で揺れ動く。カトリックの国家哲学者は、保守的かそれとも反動的であり、中世的状態を理想化したから、ドイツではロマン派と呼ばれているが、彼ら、つまりド・メーストル、ボナール、ドノソ・コルテスは、永遠の対話を、むしろ恐ろしい滑稽さを持つ空想の産物と見なしただろう。というのは、彼らの反革命的国家哲学を特徴付けているのは、時代が決定を望んでいるという意識であり、一七八九年と一八四八年の両革命の間に極限にまで高まったエネルギーで、決定の概念が彼らの思考の中心に入り込むからである。一九世紀のカトリック哲学が精神的に時事的意義を持つ形で示される場合にはどこでも、何の媒介も許さない偉大な二者択一が迫っているという思想を何らかの形で表明した。「カトリシズムと無神論の間に何の媒介もない」[「原文英語」とニューマンは言う。[(29)] 万人が偉大な二者択一［の思想］を述べ、その厳しさは、永遠の対話よりもむしろ独裁のように聞こえるのだ。

復古勢力は、伝統と慣習のような概念や長い歴史的成長の認識で以て、革命の行動主義的精神と闘った。こうした復古思想は、生得の理性の完全な否定と、およそ活動的になることを悪と見なす全くの道徳的受動性につながった。神学的に見れば、伝統主義はJ・ループスやP・シャステルにより論駁されており、シャステルにより、「ドイツの感傷主義」がこうした種類の誤りの源泉だと指摘されていた。最終結果としては、極端な伝統主義は、実際は、知的に自覚されたあらゆる決定を非合理主義的に拒否することを意味していた。にもかかわらず、伝統主義の創立者ボナールは、自ずと内在的に発展する永遠の生成という思想からはるかに遠ざかっている。もっとも、彼の精神は、ド・メーストルの精神やましてやドノソ・コルテスの精神とは異なる構造を持ち、全く驚くほどドイツ的だと分かる。しかし、彼の伝統信仰は、シェリングの自然哲学、アダム・ミュラーの対立混合やヘーゲルの歴史哲学のようなものには決してならない。彼にとり、伝統とは、人間の形而上学的信仰が受け入れることのできる内容を獲得する唯一の可能性である。というのは、人間の知性は、自分で真理を認識するには余りに弱く、余りに粗末だからである。人類が歴史を辿る道を描き出す恐ろしい比喩、つまり杖を頼りに手探りで進む一人の盲人に導かれた盲人の大群という比喩には、あの三人のドイツ人〔シェリング、ミュラー、ヘーゲル〕とのどれほどの対立が現れているだろうか。ボナールをスコラ学者と名付けることになった、彼が愛好した反対命題や区別も、実際には道徳的選言を含んでいるが、「無差別点」を持つシェリング自然哲学の両極性も、歴史過程の弁証法的否定も含んではいない。「私は、つねに二つの深淵の間におり、つねに存在と無の間を進む」〔原文フランス語〕。善と悪、神と悪魔の対立の間では、生死を賭けた二者択一があるのみであり、この二者択一は、いかなる総合も、いかなる「高次の第三者」も知らない。

ド・メーストルは、特に好んで主権について語るが、彼にとり、主権とは本質的に決定を意味する。国家の価値は、決定を下す点にあり、教会の価値は、控訴できない最終決定である点にある。彼にとり、無謬性は控訴できない決定の本質であり、霊的秩序の無謬性は国家秩序の主権と本質的に同一である。無謬性と主権という二つの言葉は「完全に同義」なのである(『教皇論』〔一八一九年〕第一章)。あらゆる主権は無謬であるかのようにふるまい、あらゆる統治は絶対的である。この命題は、全く異なる観点からであっても、無政府主義者も文字通り同じように述べることができただろう。バブーフ政治思想の歴史全体に現れる最も明確な対立が、この命題に含まれている。バブーフからバクーニン、クロポトキン、オットー・グロースまで、あらゆる無政府主義的理論は、「人民は善良であり、統治者は腐敗しやすい」〔原文フランス語、以下同じ〕という一方の公理を中心とする。これに対し、ド・メーストルは、まさに逆に、「統治者は、存在しさえすれば、それ自体で善だ」と宣言する。「あらゆる統治は、確立されている間は善である」。その根拠は、統治者の権威の存在には決定が含まれており、決定はまたそれ自体で価値がある点にある。というのは、まさに最重要の事柄では、いかに決定されるかよりも、決定されること自体が重要だからである。「われわれの関心は、ある問題があれこれの仕方で決定されることではなく、遅延なく控訴なく決定されることである」。実践上、いかなる誤りにも陥らないことと、いかなる誤りでも告訴されないことは、彼にとり同一である。重要なのは、いかなる上級機関も決定を再審査しないことである。

[二 「性悪的」人間と「性善的」人間の対立テーゼに基づく権威主義理論と無政府主義理論]

一八四八年のプロレタリア革命では、革命の急進主義は、一七八九年の第三身分の革命よりもはるかに深く首尾一貫していたように、反革命の国家哲学的思考でも、決定の強さは高まった。こうした捉え方でのみ、ド・メーストルからドノソ・コルテスへ、正統性から独裁への発展を把握することができる。この急激な高まりは、人間本性に関する公理命題の意味が高まることに表れている。あらゆる政治思想は、人間の「本性」に対し何らかの態度を取り、人間が「本性上善である」か、それとも「本性上悪である」かを前提としている。教育的説明や経済的説明によるとしても、この問題を外見上回避できるだけである。啓蒙の合理主義にとり、人間は本性上愚かで粗野だが、教育可能だった。そこで、「合法的専制主義」という啓蒙の理想は教育的理由から正当化された。無教養な人類は、(ルソー『社会契約論』によれば、「人間本性を変革」できる)立法者により教育されるか、あるいは、反抗的本性は、フィヒテの「専制的君主」により強制され、フィヒテが素朴な残酷さで言うように、国家は「教育工場」と化する。したがって、マルクス主義的社会主義は、人間本性への問いを副次的で余計なものと見なす。というのは、社会主義は、経済的・社会的条件を変革すれば人間も変革されると信じるからである。これに対し、無神論を自覚した無政府主義者にとり、人間は明らかに善であり、あらゆる悪は神学的思考とその派生物の帰結であって、権威・国家・官憲のすべての観念はこの帰結に含まれている。ド・メーストルやボナールは、『社会契約論』の国家論的構成に取り組んでいるが、『社会契約論』では、人間はまだ本性上善ではない。[エルンスト・]セイエールが見事に証明したように、ルソーの後期小説で初めて、善良な人間という有名な「ルソー主義的」命題が展開される。[…]

これに対し、プルードンの反神学的無政府主義が、一貫して「人間本性の善良という」あの公理を前提とせざるをえなかった一方で、ドノソ・コルテスは、カトリック教徒として原罪の教義を前提とした点で、プルードンに対立した。もっとも、コルテスは、この原罪教義を、人間本性の完全な罪深さと極悪さの教説へと論争的に急進化させた。というのは、トリエント公会議の原罪教義は、単純に急進的ではないからである。トリエント公会議の教義は、ルターの見解と逆に、人間本性の下劣を語るのではなく、その歪曲・混濁・損傷を語るだけであり、生来の善良さへの可能性を全く残しておくからである。したがって、ドノソ・コルテスを教義上の立場から批判したガドュエル神父は、人間の生来的悪と下劣という誇張に対し、教義上の疑義を提起した点で、正しかった。にもかかわらず、コルテスにとり、教義の完成ではなく、巨大な時事的意義を持つ宗教的・政治的決定が問題だったことを見逃すのは正しくなかった。コルテスが人間の生来的悪を語る場合、無神論的無政府主義と善良な人間の公理に対し論争的に反対している。彼は、教義の意味ではなく、反対命題の意味で考えている。ここでコルテスは、ルター派の教義と一致しているように見えるが、あらゆる権威に屈するルター派とは異なる態度を取っている。ここでもコルテスは、大審問官(宗教裁判長)の精神的後継者を自覚した偉大さを保っている。

もちろん、人間の生来的極悪さと卑劣についてコルテスが言うことは、絶対主義的国家哲学が、厳格な統治を根拠付けるため、かつて持ち出したすべての議論よりも恐ろしい。ド・メーストルも人間の悪に対して驚くことができたし、人間本性に関する彼の発言は、幻想なき道徳と孤独な心理的経験に由来する力を持っている。ボナールは、いかなる現代心理学とも同様に、人間の根本的な悪しき本能について間違わないし、根絶しがたい「力への意志」を充分に見抜いていた。しかし、これらは、コルテスの爆発と並べば消え失せる。コルテスの人間に対する軽蔑は、もはや限界を知らない。人間の盲目的知性、その薄弱な意志、その肉欲の笑うべき躍動は、コルテスにとり、この被造物の低劣さを表現するには、どんな人間の言語のどんな語彙でも充分ではないほど惨めに見える。神が人間に化さなかったならば、私の足が踏みつぶす爬虫類は、人間ほどには軽蔑に値しないだろう［スペイン語でも引用］。大衆の愚かさは、コルテスにとり、彼らの指導者の愚かな自惚れと同様に驚くべきものである。コルテスの罪業意識は普遍的であり、ピューリタンの罪業意識以上に恐ろしい。いかなるロシアの無政府主義者であっても、スペインのこのカトリック教徒が「神が人間にそう言わなかったならば、人間は善良だとどこから知るのか」［スペイン語でも引用］と答えるほどの根本的確信を込めて、「人間は善良である」という自分の主張を述べた者はいなかった。この男の絶望は、特に友人のラチンスキー伯への手紙で、しばしば狂気にまで近づく。コルテスの歴史哲学によれば、悪の勝利は自明で当然であり、神の奇跡のみが悪の勝利を防止する。人間の歴史についてコルテスが抱く印象を客観的に表現した比喩は、恐怖と驚愕に満ちている。人類は、その入り口も出口も構造も誰も知らない迷宮の中を盲目的によろめきながら歩くが、これを歴史と呼ぶ（『ドノソ・コルテス著作集』第五巻、一九二頁）。人類は、行き先も知らないまま海上に投げ出された船であり、強制的に徴募された反抗的で下品な乗組員たちを詰め込んでおり、神の怒りが反抗的ならず者を海中に突き落とし、再び沈黙が支配するまで、乗組員たちは歌い踊り続ける（『著作集』第四巻、一〇二頁）。しかし、典型的な比喩は、今日カトリシズムと無神論的社会主義の間で燃え上がっている血まみれの決戦という別の比喩である。

〔三　自由主義的市民階級の地位とコルテスによるその定義〕

コルテスによれば、この闘争で解決せず、その代わりに討論を始めようと試みることが市民的自由主義の本質である。コルテスは、市民階級（ブルジョアジー）をまさに

「論議する階級」と定義する。これにより市民階級は裁かれる。というのは、決定を回避しようとするのが市民階級だからである。あらゆる政治活動を論議に、すなわち報道と議会に帰する階級は、社会闘争の時代には耐えられないからだ。至る所で、七月王政におけるこの自由主義的市民階級の内的不安定と中途半端は見てとれる。市民階級の自由主義的立憲主義は、議会を通じて国王を無力化させるが、それでも王位にとどめ置こうとする。これは、神を世界から排除するが、それでも神の存在にこだわるという理神論と同じ不徹底さである(ここでコルテスは、形而上学と国家論の間の途方もなく恐るべき類比をボナールから受け継いでいる)。つまり、自由主義的市民階級は神を欲するが、神は活動的になるべきではない。自由主義的市民階級は君主を欲するが、君主は無力であるべきだ。自由主義的市民階級は自由と平等を要求するが、にもかかわらず、有産階級への選挙権の制限を要求し、教養と財産が立法に必然的影響力を及ぼすよう保障するが、これは、教養と財産が無教養で貧しい人々を抑圧する権利を与えるかのようだ。自由主義的市民階級は、血統と家族の貴族制を廃止するが、金融の貴族制の恥知らずな支配という最も愚かで下品な形式の貴族制を容認する。自由主義的市民階級は、国王の主権も人民の主権も欲しない。では、彼らは一体何を欲するのか。

　この自由主義の奇妙な矛盾に気づいたのは、コルテスやF・J・シュタールのような反動家だけではなく、マルクスやエンゲルスのような革命家だけでもない。むしろ、具体的な政治的事実内容では、ヘーゲル的教養を持つドイツの市民的学者［ロレンツ・フォン・シュタイン］をスペインのカトリック教徒に対置できるという珍しい事例が現れたのだ。というのは、両者は、もちろん相互に影響を及ぼすことなく、［自由主義の］同じ不徹底さを確認した上で、その異なる価値評価を通じて、極めて見事で典型的な明確さを示して対立するからである。ロレンツ・フォン・シュタイン(31)は、『一七八九年から現代までのフランス社会運動の歴史』［一八四九―五〇年］で、自由主義者について詳しく語っている。自由主義者は、君主という人格的な国家権力、自立的意志と自立的行為を欲するが、国王を単なる執行機関と化し、彼のあらゆる行為を大臣の同意に依存させて、あの人格的契機を再び取り去る。自由主義者は、党派の上に立ち、したがって人民代表の上にも立つべき国王を欲するが、同時に、国王は人民代表の意志を執行する以外に何もしてはならないと定める。自由主義者は、国王の人格を不可侵だと宣言するが、憲法に対し宣誓させて、［国王の］憲法違反が起こっても、追及できないようにする。シュタインは言う。「いかなる人間の洞察力も、この対立を概念的に解決できるほどに鋭くはない」。まさに自分の合理主義を自慢する自由主義者の党派において、これは二重に奇妙だと言わざるをえない。〔～〕

F・J・シュタールのようなプロイセンの保守主義者は、講演「国家と教会における現在の党派について」で、同様に立憲的自由主義の多くの矛盾を扱ったが、極めて単純な説明を行っている。王政と貴族政に対する憎悪が、自由主義的市民階級を左翼へ追いやり、自分の財産が急進的民主主義と社会主義により脅かされることへの不安が、市民階級を再び右翼へ、自分たちを軍隊で守ってくれる強力な王政へと追いやる。こうして市民階級は、両方の敵の間で揺れ動き、両方を欺こうとする。シュタインの説明は全く異なる。シュタインは「生」を指摘して答え、まさに多くの矛盾の中に生の充溢を見出す。「敵対的要素の間の解きがたい相互融合」こそ「まさにすべての生けるものの真の性格」である。あらゆる存在者は対立を秘めている。「脈打つ生とは対立する力の持続的浸透にある。実際、これらの力を生から切り取るならば初めて、力は真に対立する力となる」。次にシュタインは、対立物の相互浸透を有機的自然や人格的生の過程と対比し、国家も人格的生を持つと言う。つねに新たな対立とつねに新たな調和を徐々に自己自身から生み出すことが生の本質に含まれる、等々。ド・メーストルもドノソ・コルテスも、こうした「有機的」思考をすることができなかった。ド・メーストルは、シェリングの生の哲学に対する完全な無理解により、これを証明した。コルテスは、一八四九年にベルリンでヘーゲル主義を面前に見た時、驚愕に襲われた。両者は、豊かな実務と経験を持つ外交官と政治家であり、充分に賢明な妥協を行った。しかし、彼らは、体系的で形而上学的な妥協を理解できなかった。ここではそもそも何かを決定しなければならないことを否定して、重大な点で決定を停止するのは、彼らには、奇妙な汎神論的混乱に見えたに違いない。コルテスにとり、不徹底と妥協を備えたあの自由主義は、キリストかバラバかという問いに対し(32)、延会動議や調査委員会の設置で答えることができるものであり、短い暫定期間の間にのみ生き延びる。こうした態度は偶然ではなく、自由主義的形而上学により根拠付けられる。市民階級は言論と出版の自由の階級であり、何か任意の心理的・経済的状態や行為に適合した思考等から、この自由に至るのではない。自由主義的自由権の理念は、北アメリカの州［憲法］に由来することはかなり前から知られている。最近、ゲオルク・イェリネックがこれらの自由の北米的起源を論証する時(33)、このテーゼは、(論文「ユダヤ人問題について」の著者カール・マルクスを驚かせなかったのと同様に、)カトリックの国家哲学者をほとんど驚かせなかっただろう。貿易と営業の自由という経済的要請も、明確に理念史的な探究にとり、形而上学的核心の派生物にすぎない。[…]

コルテスは、急進的な精神的態度でつねに敵対者の神学のみを見つめる。彼は、決して「神学化」しない。多義的で神秘的な連想や類推をしないし、神秘的神託を下さない。現実の政治問題に関する書簡では、しばしば冷酷で醒めた幻想なき態度を示し、ドン・キホーテ流の無謀さを示すことはない。体系的思考過程では、見事な教義神学の簡潔さに達しようと試みる。したがって、彼の直観は、精神的な事柄ではしばしば際立っている。「論議する階級」という市民階級の定義と、市民階級の宗教は言論と出版の自由であるという認識は、その実例である。私は、これを、自由主義全体に関する最終的評価ではないが、おそらく大陸の自由主義に関する極めて驚くべき要約だと見なす。ヴォルツェンドルフは、おそらく[コルテスに]類似した精神から、コンドルセの典型的意味を認識して見事に描き出した。コンドルセの体系を前にすれば、政治生活の理想とは、立法機関だけではなく、全住民が討論し、人間社会が巨大なクラブへと転換し、こうして真理が議決により自ずから生じる点にあると現実に信じざるをえない。コルテスは、これを、責任を回避し、言論・出版の自由に過度の重要さを与え、最終的に決定する必要がないようにする方法にすぎないと見なす。自由主義は、個々の政治問題すべてで討論し、交渉するように、形而上学的真理をも討論に解消したいと願っている。自由主義の本質は、決定的対決、血まみれの決戦を議会の論争に転換でき、永遠の討論により永遠に停止できると希望し、待ち続ける中途半端さであり、交渉である。

［四　正統性から独裁への理念史的発展］

討論の対立物は独裁である。つねに極端な場合を想定し、最後の審判を待ち受けることが、コルテスのような精神の持ち主の決断主義に含まれる。したがって、コルテスは自由主義者を軽蔑するのに対し、無神論的・無政府主義的社会主義を自分の不倶戴天の敵として尊敬し、悪魔的な偉大さを認めるのだ。彼は、プルードンに悪魔を見出したと信じる。プルードンは、これを笑い飛ばし、宗教裁判を示唆しつつ、［火刑用の」薪の山に横たわるかのように、「火をつけよ！」〔原文フランス語、以下同じ〕とコルテスに呼びかける（『革命家の告白』〔一八四九年〕の新版〔一八七六年〕における追加）。しかし、この時代の悪魔主義は、決して即興の逆説ではなく、強力な知的原理だった。その文芸的表現は、「憎しみの怒りから地上の楽園より父なる神を追放した人々の養父」たる悪魔の王位推戴であり、〔弟の〕アベルが「父祖の暖炉で自分の腹を暖める」市民階級だとすれば、弟殺しカインの王位推戴である。

「カインの末裔よ、天まで昇れ！　神を地上へ投げ落とせ！」（ボードレール）(34)

ただ、この立場も維持できなかった。というのは、この立場はさしあたり、神と悪魔の役割交換を含んでいたにすぎないからだ。プルードンも、後の無政府主義者に比べれば、まだ、家父長の権威と一夫一婦制の家族原理にこだわる道徳主義的な小市民だった。バクーニンが初めて、神学に対する闘争から絶対的自然主義という完全な帰結を引き出す。確かに、カール・マルクスがあらゆる種類の宗教を軽蔑したのと対照的に、バクーニンも「悪魔を広め」ようとし、これこそ唯一の現実的革命だと考える。しかし、彼の知的意義は、その生来の正しさから、正しい形式を自ずと内在的に作り出す生の観念に基づく。したがって、バクーニンにとり、人間に悪人の烙印を押し、支配欲と権力欲の口実を与える神と罪の神学的教説以上に悪しきものや否定的なものは存在しない。あらゆる道徳的評価は神学につながり、人間生活に内在する生来の真理と美に対し、外部に由来する自分に無縁な当為をわざと押し付ける権威につながる。この権威の起源は所有欲と支配欲であり、その成果は、権力を行使する者と行使される者双方の全般的な腐敗を意味する。今日の無政府主義者が、家父長権と一夫一婦制に基づく家族を真に罪ある状態だと見なし、根源的な楽園状態と称される母権制への回帰を説教するならば、そこには、プルードンのあの嘲笑以上に強力な、「神学と家父長制の間の」最深の連関という意識が示されている。コルテスは、家父長権に基づく家族の解体のような最終的帰結をつねに念頭に置いている。というのは、コルテスは、神学的なものと共に道徳的なものが消え失せ、道徳的なものと共に政治的理念が消え失せ、あらゆる道徳的・政治的決定が無力化し、直接的・自然的生と問題なき「肉体」性という此岸の楽園状態に解消されると見るからだ。

今日、政治的なものに対する闘争以上に現代的なものはない。アメリカの金融業者、産業技術家、マルクス主義の社会主義者、アナルコ・サンディカリズムの革命家は、一致して、経済生活の非人格性に対する政治の人格的支配を取り除かなければならないと要求している。もはや政治的問題は存在せず、組織的・技術的で経済的・社会学的な課題のみが存在するとされる。今日支配的な種類の経済的・技術的思考は、もはや政治的理念を認識できない。現代国家は、現実に、マックス・ヴェーバーがそこに見てとった巨大な企業体になってしまったように見える。一般に政治的理念は、それを自分に有利な形で役立てるよう明白な経済的関心を持つ人々のサークルがあることを証明できるならば、初めて把握できる。ここで政治的なものが、経済的なものか技術的で組織的なものの中に消え失せるとすれば、他面で、政治的なものは、審美的特徴付けにより、ある時期を古典的、ロマン的、バロック的と呼んで味わうような、文化哲学的・歴史哲学的な決まり文句からなる永遠の対話の中に解消される。いずれの場合でも、政治的理念の核心をなす厳しい道徳的決定が回避されている。[〜]

しかし、あの反革命的国家哲学者の持つ時事的意味合いは、彼らが決定する際の首尾一貫性にある。彼らは、決断の契機を強力に高めるから、最終的にこの契機は、彼らが出発した「王朝的」正統性の思想を廃棄してしまう。国王はもはや存在せず、誰も、人民の意志による以外に国王となる勇気を持たないだろうから、君主政の時代は終わった。ドノソ・コルテスは、こう認識するや否や、自分の決断主義をその帰結まで徹底させた。すなわち、彼は政治的独裁を望んだのだ。すでに引用したド・メーストルの言葉には、決定の契機への国家の還元が、つまり駄弁を弄せず、討論せず、自己正当化しない、無から作り出された純粋な絶対的決定への首尾一貫した還元が含まれていた。しかし、これは正統性ではなく、本質的に独裁である。ドノソ・コルテスは、最終闘争の瞬間が到来したと確信していた。根本的悪に直面すれば独裁のみが存在し、王位継承の正統主義的思考は、この瞬間に空虚な独善と化する。こうして権威と無政府の両極は、絶対的な明確さで相互に対立し、先に言及した明白な二項対立を形成する。あらゆる統治は必然的に絶対的だとド・メーストルが言うならば、無政府主義者は、一字一句同じことを繰り返す。ただ無政府主義者は、善良な人間と腐敗した政府という公理の助けを借りて、逆の実際的結論を引き出す。すなわち、あらゆる統治は独裁であるというまさにそれゆえに、あらゆる統治は打倒しなければならないという結論を引き出す。決定の要求はすべて、無政府主義者にとり悪であるに違いない。というのも、こうした決定の要求で生の内在的性格を妨げないならば、正しい結果は自ずと生じるからである。もっとも、根本的二項対立ゆえに、無政府主義者は決断に反対して決然と自己決定するように強いられる。一九世紀最大の無政府主義者バクーニンには、彼が理論的には反神学の神学者になり、実践的には反独裁の独裁者になっているという奇妙な逆説が見られるのである。

訳注

(1) C・シュミット『ローマ・カトリシズムと政治的形式』(一九二三年)を指す。

(2) ロベルト・フォン・モール(一七九九—一八七五年)は、一九世紀ドイツの自由主義的行政法学者。『法治国原理に基づく行政学』(一八三二—三三年)で、法治国原理により行政活動を体系的に限界付けた。一八四八年五月フランクフルトのドイツ国民議会に参加し、翌年五月に公表されたドイツ国民憲法の起草に関与した。

(3) 原文はフランス語だが、この一節は『国家論六巻』第一巻・第一〇章に見出されない。

(4) マックス・フォン・ザイデル(一八四六—一九〇一年)は、第二帝政期ドイツの国法学者。一八六〇年代から七〇年代にかけて、新たなドイツ帝国は国家連合か連邦国家かをめぐる論争(連邦国家論争)が交わされた。G・ヴァイツは、全体国家と個別国家の間で主権が分割された連邦国家説を説いたのに対し、ザイデルは、個別国家が不可分の主権を持つ国家連合説を説いた。

(5) ワイマール憲法第四八条第二項によれば、公共の安全及び秩序に著しい障害が生じる時、ライヒ大統領は、これを回復するために必要な措置を取り、必要ならば武力で介入することができた(緊急命令権)。また第一項によれば、ラントがライヒ憲法または法律が課する義務を履行しない時、ライヒ大統領は、武力で義務を履行させることができた(ライヒ執行)。だが、第三項により、大統領の緊急命令権やライヒ執行は、ライヒ議会の要求があれば失効するとされた。

(6) ハンス・ケルゼン(一八八一—一九七三年)は、二〇世紀オーストリアの国法学者。『国法学の主要問題』(一九一一年)で、事実と規範を区別する新カント派の二元論に従い、形而上学から解放された純粋に規範的な秩序として法秩序を捉える純粋法学を説いた。『一般国家学』(一九二五年)では、国家を規範秩序としての法秩序と同一視し、社会学的考察から切り離した。一九二〇年にオーストリア憲法を起草し、憲法裁判所判事を務めた後、一九二九年にウィーン大学からケルン大学に移った。一九三三年四月にシュミットをケルン大学に招聘したが、直前に公職追放されてジュネーヴ、プラハへ移り、一九四〇年に米国に亡命し、戦後はカリフォルニア大学に勤めた。

(7) エーリッヒ・カウフマン(一八八〇—一九七二年)は、ワイマール期ドイツの国法学者。ギールケの弟子であり、『新カント派法哲学の批判』(一九二一年)で、ケルゼンの純粋法学やシュタムラーの法哲学を批判した。一九二二年にシュミットをボン大学に招聘し、親しく付き合ったが、一九三四年にベルリン大学を解職され、一九三九年にオランダに亡命した後、戦後はミュンヘン大学に復帰した。シュミットは、本書一九二二年版でカウフマンに言及した八箇所すべてを一九三四年版で削除した(訳者解説、参照)。

（8）ゲルハルト・アンシュッツ（一八六七―一九四八年）は、ワイマール期ドイツの国法学者。南ドイツ自由主義の影響を受けた法実証主義者として、ワイマール憲法の注釈書（一九一九年、一四版：一九三三年）や『ドイツ国法ハンドブック』（一九三〇―三二年）を執筆した。一九三三年三月にハイデルベルク大学を退職した後、『ハンドブック』に「憲法第二編の内容と意義」を寄稿したシュミットを後任に招聘しようとした。以下の引用では、陸軍拡張予算案をめぐり、ビスマルク政府と下院が対立したプロイセン憲法紛争（一八六二―六六年）を念頭に置いている。

（9）S・キルケゴール『反復』（一八四三年）『キルケゴール著作集』第五巻（白水社、一九六二年）、三四五頁（訳文はドイツ語引用による）。K・レーヴィットは、シュミットによるキルケゴールの引用が恣意的だと批判する（訳者解説、参照）。

（10）クルト・ヴォルツェンドルフ（一八八二―一九二一年）は、二〇世紀ドイツの国法学者。国際法学者W・シュッキングの弟子でギールケ団体法論の信奉者。シュミットは、一九二〇年九月から一九二一年三月にかけてヴォルツェンドルフと書簡を交わし（Mehring 119）、『国際連盟の中心問題』（一九二四・二六年）等でヴォルツェンドルフを受容した（BW Wolzendorff）。

（11）ゲオルク・イェリネック（一八五一―一九一一年）は、第二帝政期ドイツの国法学者。『一般国家学』（一九〇〇年）で、新カント派の二元論に従い、事実としての国家社会学と規範としての一般国法学を別々に論じた。国家法人説や国家の自己拘束説、事実的なものの規範力説を唱えると共に、ハイデルベルクでM・ヴェーバーと親しく交流した。息子のヴァルター・イェリネックは、ハイデルベルクの行政法学者でアンシュッツの同僚であり、一九二九年から一九三三年にかけてシュミットと親しく付き合った。

(12) フーゴー・クラッベ(一八五七―一九三六年)は、二〇世紀オランダの国法学者。

(13) フーゴー・プロイス(一八六〇―一九二五年)は、第二帝政期・ワイマール期ドイツの国法学者。ギールケの弟子として主権概念を批判し、『ドイツ人民と政治』(一九一五年)で、左派自由主義者として官憲国家を批判した。一九一八年一一月から、内務省長官・内務大臣としてワイマール憲法の起草に関わった。シュミットは、一九二八年にプロイスの後任としてベルリン商科大学に移り、一九三〇年一月に講演『フーゴー・プロイス』でプロイスを称えた。

(14) オットー・フォン・ギールケ(一八四一―一九二一年)は、第二帝政期ドイツの国法学者。『ドイツ団体法論』(一八六八―一九一三年)では、歴史法学派の最終世代として、法は支配者の意志ではなく、人民の法意識に由来すると説き、ラーバント派法実証主義の批判者として、国家は支配団体に還元されず、支配原理と団体原理の有機的協働作用から説明できると説いた。

(15) パウル・ラーバント(一八三八―一九一八年)は、第二帝政期ドイツの国法学者。『ドイツ帝国国法』（一八七六―八二年）で、法実証主義の立場から、国家権力とその機関を統一的に捉えた国法学の体系を確立した。シュミットは、ラーバントと同じシュトラスブルク大学で学び、一九一七年一月六日に「独裁と戒厳状態」論文を評価するラーバントの書簡を受け取っている（TB II 501）。

(16) ルドルフ・シュタムラー（一八五六―一九三八年）は、二〇世紀ドイツの法哲学者。新カント派の二元論的立場に立ち、『経済と法』（一八九六年）で唯物史観を批判した。

(17) ここ及び三段落後で、シュミットは、国家こそ法規範（ここでは「法理念」）を実現する主体であり、法規範の実定化には「内容上の無関心」が見られるという『国家の価値と個人の意義』（一九一四年）の思想を受け継いでいる。

(18) 引用箇所は、『公法論叢』第三六巻（一九一七年）に見出されない。A・メルクル「オーストリア国家の法的統一」『公法論叢』第三七巻（一九一八年）五六頁以下、を念頭に置いていると思われる（英訳、三二頁、訳注）。アドルフ・メルクル（一八九〇―一九七〇年）は、ケルゼンの弟子でウィーン大学の後任となった。

(19) ロック『統治二論』（岩波文庫、二〇一〇年）五四三頁。

(20) 本書一九二二年版では第一九章と記されているが、一九三四年版にしたがい、第二六章と記する。ホッブズ『リヴァイアサン』（二）（岩波文庫、一九九二年）三八九頁、参照。

(21) ルイ・ガブリエル・アンブロワズ・ド・ボナール（一七五四―一八四〇年）は、フランスの政治家・哲学者。王党派としてフランス革命に反対し、『政治・宗教権力論』(一七九六年)で、伝統的な聖俗権力の正統性を説いた。ジョゼフ・ド・メーストル(一七五三—一八二一年)は、フランスの政治家・哲学者。最初は自由主義の影響を受けたが、フランス革命を経験して反革命に転じ、教皇至上主義と絶対王政を主張した。ファン・ドノソ・コルテス(一八〇九—一八五三年)は、スペインの外交官・哲学者。最初はギゾー自由主義を信奉したが、一八四八年革命を体験し、カトリックの反革命哲学者に転じた。

シュミットは、『政治的ロマン主義』でボナールとメーストルを、『独裁』でドノソ・コルテスを取り上げて論じた。反革命国家哲学者の政治的神学につき、訳者解説、参照。

(22) G・W・ライプニッツ『法学を学習し教授する新方法』『ライプニッツ著作集　第Ⅱ期　2　法学・神学・歴史学』(工作舎、二〇一六年)一五—一六頁。ライプニッツは、法学と神学の親近性を次のように説明する。「法学において、神学におけるのと同じことが起きるのは驚くにはあたらない。なぜなら神学は、普遍的に企てられた法学の一種だからである。実際、神学は、人間を超えた神の国あるいはむしろ神の統治において示される法や法律を扱う」(同上、一六頁)。この後の「実定的な啓示と指令の書」は聖書とユスティニアヌス法典を指す。

(23) ロメオ・マウレンブレッヒャー(一八〇三—一八四三年)は、一九世紀ドイツのカトリック国法学者。『現代ドイツ国法の原理』(一八三七年)で、君主主権に基づく立憲君主政を唱えた。

(24) M・ヴェーバー「R・シュタムラーによる唯物論的歴史観の「克服」」『社会科学・社会政策雑誌』第二四巻(一九〇七年)。

(25) E・ケアード『オーギュスト・コントの社会哲学と宗教』(一九〇七年、パリ)。

(26) E・シィエス『第三身分とは何か』(岩波文庫、二〇一一年)一〇九頁(訳文を一部変更)。

(27) A・トクヴィル『アメリカのデモクラシー』第一巻(上)(岩波文庫、二〇〇五年)九三頁。

(28) フリードリヒ・ユリウス・シュタール(一八〇二―一八六一年)は、一九世紀プロイセンの保守的法学者。一八一九年にユダヤ教徒からルター派に改宗した後、シェリング哲学の影響を受け、『法哲学』(一八三〇―三七年)で、神の啓示に基づくキリスト教国家を説いた。一八四〇年にベルリン大学に招聘され、『君主政原理』(一八四五年)で、君主政原理に基づく保守的立憲主義を説いた。シュミットは、本書一九二二年版でシュタールに言及した一箇所のみ一九三四年版で削除した(訳者解説、参照)。

(29) 一九世紀英国国教会の高教会派ジョン・ヘンリー・ニューマン(一八〇一―一八九〇年)を指す。ニューマンは、カトリック的要素を復活するオクスフォード運動を指導した後、カトリック教徒に改宗して枢機卿となった。

(30) オットー・グロース(一八七七―一九二〇年)は、オーストリアの犯罪学者ハンス・グロースの息子で、フロイトを師とする精神分析学者だったが、自由恋愛を説く無政府主義者に転じた。M・ヴェーバーの周辺、特にヤッフェ夫妻やD・H・ローレンスにも影響を及ぼした(グリーン、水戸部)。後に四(九七頁)で言う「母権制への回帰を説教する」「今日の無政府主義者」は、グロースを念頭に置いていると思われる。

(31) ロレンツ・フォン・シュタイン(一八一五―一八九〇年)は、一九世紀ドイツの国家学者・行政学者・経済学者・社会理論家。フランス社会主義とヘーゲル哲学の影響を受け、『国家学体系』(一八五二―五六年)で、市民社会に内在する階級対立を中立的機関たる国王の社会改革的行政により調停しようと試みた。明治憲法起草者の伊藤博文は、一八八二年欧州憲法調査旅行中にウィーンで、シュタインから講義を受けて、彼の立憲君主論を受容した(瀧井、二〇〇三)。シュミットは、『第二帝政の国家機構とその崩壊』(一九三四年)でも、シュタインを引きつつ、立憲君主制の内的矛盾を指摘している。

(32) イエスを尋問したローマ人総督ピラトが、人民投票に訴えてイエスの十字架刑を決定した『聖書』「ヨハネ福音書」第一八章の逸話を指す。ケルゼンが、『民主政の本質と価値』(一九二〇年)でこの逸話を「相対主義と民主政の悲劇的象徴」として引いている(『ハンス・ケルゼン著作集I』(慈学社出版、二〇〇九年)三一頁以下)。

(33) 一七八九年八月二六日の人権宣言は、ルソー『社会契約論』ではなく、北米ヴァージニア州の権利章典に由来するというG・イェリネック『人権宣言論』(一八九五年)を指す(『人権宣言論争』(初宿正典編訳、みすず書房、一九八一年)参照)。第三章・三(七三頁)で引用されたブトミーのルソー論文は、イェリネックに対する反論の書である。

(34) ボードレール『悪の華』(一八五七年、第二版：一八六一年)『ボードレール全集』I(筑摩書房、一九八三年)二四〇頁(訳文を一部変更)。

第二版序言(一九三四年版)

この『政治的神学』第二版は、[初版から]変わらないままである。一九二二年三月[実際は一二月]に公刊された小著がどれほど持ちこたえたか、一二年後の今日では[改めて]判断できるだろう。自由主義的規範主義や自由主義的類型の「法治国家」との対決も一字一句そのまま残されている。本質的ではないことに関わった箇所が削除されている点でのみ、若干短縮がなされている。

最近数年間が経過するうちに、政治的神学の新たな適用事例が数多く発生した。一五世紀から一九世紀にかけての「代表」、バロック哲学の神に類推して考えられる一七世紀の君主政、「君臨するが統治しない」一九世紀の「中立的」権力から、「管理するが統治しない」純粋な行政措置国家・行政国家の観念までは、政治的神学の思想が実り多いことを同様に示す多くの事例である。私は、神学的段階から形而上学的段階を経て道徳的・人道的段階へ、そして経済的段階へ至る世俗化過程の個々の段階という大問題を、「中立化と脱政治化の時代」という講演(一九二九年一〇月、バルセロナ)で論じた。プロテスタント神学者の中では、特にハインリヒ・フォルストホーフとフリードリヒ・ゴーガルテンが、世俗化の概念なくして我々の歴史の最近数世紀はそもそも理解できないことを示した[1]。もっとも、プロテスタント神学の中では、非政治的だと自称する別の教義が、そこに含まれる政治的自由主義にとり、国家と政治が「完全な他者」であるのと同じように、神を「完全な他者」と呼んでいる[2]。この間、我々は、政治的なものを全体的なものだと認識した結果、何かが非政治的であるかどうかの決定は、誰が決定するか、どんな証明根拠で決定を装うかに関わりなく、つねに政治的決定を意味することをも知っている。これは、特定の神学が政治的神学か、非政治的神学かという問題にも当てはまる。

第二章末尾(五六頁)で述べた法学的思考の二類型というホッブズに関する注釈に、さらに一言補っておきたい。というのは、この問題は、法学者という私の身分・職業に関わるからである。今日では私は、もはや法学的思考の二類型ではなく、三類型を区別するだろう。すなわち、規範主義的類型と決断主義的類型の他に、制度的類型を区別するだろう。[3] 私の「制度的保障」論がドイツ法学で論議されて、モーリス・オーリウの重要で意味深い制度論と取り組んだ結果、[4] 私はこうした認識に至った。純粋な規範主義者が非人格的規則の中で考え、決断主義者が、正しく認識された政治状況の中の良き法を人格的決定の中で押し通すのに対し、制度的法思考は、超人格的な制度と形態の中で展開される。規範主義者が堕落すれば、法を国家官僚制の単なる機能様式に化してしまい、決断主義者が、瞬間を重視するあまり、偉大な政治運動に含まれる静的な存在を捉えそこなう危険につねに置かれるのに対し、制度的思考が孤立すれば、主権を欠いた封建的・身分制的成長の多元主義へとつながる。

そこで、政治的統一体の三つの領域と要素――国家、運動、民族[5]――は、法学的思考の三類型の健全な現象形態と堕落した現象形態に分類することができる。ヴィルヘルム時代とワイマール時代のドイツ国法学に見られた法実証主義や規範主義は、自然法や理性法に基づくのではなく、単に事実的に「妥当する」規範に基づくがゆえに堕落し、自己自身に矛盾した規範主義が、真の決定ではなく、「事実的なものの規範力」[6]に依存するがゆえに堕落し、法に盲目的になった決断主義にすぎない法実証主義と混合したものである。形態を失い、形態化できない混合物は、いかなる重大な国法的・憲法的問題も解決する能力がない。ドイツ国法学のこの最終段階は、ドイツ国法学が、重大な事例に対する国法上の解答に窮している、すなわちビスマルクとのプロイセン憲法紛争に対する解答にも、したがってすべてのさらなる重大な事例に対する解答にも窮している点で特徴付けられる。ドイツ国法学は、決定を回避するため、こうした重大な事例に対し、「ここで国法は終わる」という命題を作り上げるが、(7) この命題は自分自身にはね返り、今や国法学自身が標語として身に付けるのだ。

ベルリン　一九三三年一一月

カール・シュミット

訳注

(1) H・フォルストホーフ『人道主義的幻想の終焉』(一九三三年)、F・ゴーガルテン『政治倫理』(一九三二年)。ハインリヒ・フォルストホーフは、シュミットの弟子エルンスト・フォルストホーフの父親に当たり、「ドイツ・キリスト者」と呼ばれる、ナチ体制を支持するプロテスタント神学者に属する。訳者解説、参照。
(2) ドイツ・キリスト者に対抗し、告白教会を作り上げたK・バルトの危機神学を指す。
(3) C・シュミット『法学的思考の三類型』(一九三四年)参照。
(4) C・シュミット「ワイマール憲法の自由権と制度的保障」(一九三一年)『憲法論集』(一九五八年)一四〇頁以下、参照。モーリス・オーリウ(一八五六—一九二九年)は、第三共和政期フランスの行政法・憲法学者。シュミットは、一九三一年一一月九日付ビルフィンガー宛書簡でオーリウ『憲法概論』(一九二九年)から引用し、『合法性と正統性』(一九三二年)でオーリウの憲法改正限界説を取り上げた(権左、二〇一二)。
(5) C・シュミット『国家・運動・民族』(一九三三年一二月)を指す。
(6) 「事実的なものの規範力」は、事実上の権力関係から規範的効力が生じるというゲオルク・イェリネックの学説を指す。G・イェリネック『一般国家学』(学陽書房、一九七四年)二七六頁以下、参照。

(7)「ここで国法は終わる」は、プロイセン憲法紛争に解答しないG・アンシュッツの法実証主義的立場を皮肉っている。本書・第一章・四(二四頁)、参照。

訳者解説

序

本書は、決断主義や世俗化テーゼで知られるカール・シュミットの初期代表作の一つである。第一次世界大戦後の一九二二年に公刊された『政治的神学』は、『独裁』(一九二一年)や『現代議会主義の精神史的状況』(一九二三年)と並んで、初期シュミットの政治秩序像を理解する上で必須の書である。そればかりか、一九三四年初めに再版されて以来、一九三三年四月以後のナチス政権に対するシュミットの公的協力を説明する書と見なされてきた。

だが、『政治的神学』第二版は、重要な変更が加えられているにもかかわらず、第二次大戦後もドイツでテクストとして継承されたため(二〇二一年版)、従来、初版と比較対照されることなく、邦訳や英訳の底本として受け入れられてきた(田中・原田訳)。本書は、一九三四年の『政治的神学』第二版で削除された十箇所を太字で復元し、一九二二年の『政治的神学』初版を再現しようとする本格的試みである(長尾訳は五箇所を、中山訳は八箇所を復元している)。

最近公刊された日記帳や伝記によれば、「主権論四章」と題された『政治的神学』初版は、最初の三章と第四章「反革命の国家哲学」の間では、執筆の由来と経緯が異なっており、それぞれの執筆背景に即して理解する必要がある。また一九三四年に新たな序言を付して再版された『政治的神学』第二版が「国民社会主義の政治的神学」、すなわちナチスの一党独裁を正当化する御用神学と批判された理由も、当時進行したカトリック教会と福音主義教会の画一化の中で理解する必要がある。

更に本書では、例外状態・主権・世俗化・決断という独自の概念が繰り返し使用されるが、これらの基本概念は、シュミットに初めて接する読者、特に概念に不慣れな若い読者が無批判に鵜呑みにするならば、強い感染力を及ぼし、自立した思考を麻痺させる呪縛力を秘めている。そこで、本書に始まる広範な影響作用史を理解する上でも、これら基本概念の由来と一面性を思想史的観点からはっきりと認識しておく必要がある。

そこで、本解説では、本書の執筆背景と一九三四年版の変更点を説明した上で、本書の基本概念の由来とその影響作用を見ていきたい。

1　本書の執筆背景

カール・シュミット(一八八八―一九八五年)は、一九一〇年六月にシュトラスブルクで学位を取得し、夏からデュッセルドルフの上級地方裁判所で試補見習いとして勤務する傍らで、一九一四年初めに法・国家・個人の関係を法哲学的に研究した書『国家の価値と個人の意義』を公刊し、教授資格を得て、一九一六年春にシュトラスブルク大学講師に就任した。この教授資格論文でシュミットは、規範主義的法観念を取り入れつつ、カトリック教会をモデルとして法実現的国家観と反個人主義的人間観を表明した。一九一四年七月末に世界大戦が起こると、翌一九一五年三月末からバイエルン副総司令部で勤務する中で、戒厳状態法について報告し、一九一六年末に「独裁と戒厳状態」と題して雑誌に公表した。

一九一八年一一月七日にバイエルンの州都ミュンヘンで革命が起こり、独立社会民主党のK・アイスナーがバイエルン首相になった。翌一九一九年二月二一日にアイスナーが暗殺された後、多数派社会民主党J・ホフマンの政府が成立したのに対し、四月七日に中央評議会のE・ニーキシュがレーテ共和国を、四月一三日に共産党のE・レヴィーネが第二レーテ共和国を宣言したため、国防軍・義勇軍との間で軍事衝突が起こった。下士官のシュミットも、四月一日からミュンヘンの都市駐留部隊に配属され、Ch・ロート大尉の指揮下でレーテ共和国との内戦に参加し、六月四日まで戒厳状態を経験した。ミュンヘン時代のこの内戦経験こそ、シュミットの言う「例外状態」の原体験をなすものと考えられる。

六月末に除隊となったシュミットは、一九一九年九月にミュンヘン商科大学講師に就任し、宗教改革以後の政治思想史を二年間講義する一方で、ミュンヘン大学で教職に復帰した社会学者マックス・ヴェーバー(一八六四—一九二〇年)の講義や講師向け演習に参加し、革命独裁への関心を共有した。そして、商科大学時代の政治思想史講義録から素材を取り入れつつ、一九二一年初めに最初の主著『独裁』を公刊し、古代ローマ以来の本来の独裁と近代革命で現れた新たな独裁を、それぞれ「委任独裁」と

「主権独裁」と呼んで区別した。『独裁』がボン大学の法学者R・スメントにより評価された結果、シュミットは、一九二一年九月にグライフスヴァルト大学教授へ、一九二二年三月にボン大学教授に招聘されたが(BW Smend 19, Mehring 123)、同年一二月に公表したのが本書『政治的神学――主権論四章』だった。

『政治的神学』の最初の三章は、商科大学時代の同僚M・パリュイから『マックス・ヴェーバー追悼論集』への寄稿を依頼されたため、一九二二年三月二四日より執筆され、一二月に「主権概念の社会学と政治的神学」と題して公刊された(TB III 64, 98f.)。これに対し、第四章「反革命の国家哲学」は、最初ドノソ・コルテス研究として計画された後、法制史家L・ヴェンガーから四月八日に雑誌への寄稿を依頼されたため、六月一八日から執筆され、七月三日に送付されて、秋に『法・経済哲学雑誌』に公刊された(TB III 4f., 100, 109)。そして、最初の三章と第四章は一書にまとめられて、一九二二年末に『政治的神学』として公刊された(文献一覧、参照)。『政治的神学』の最初の三章と第四章は、このように執筆の由来・経緯が異なる点に注目すれば、ヴェーバーへの回答とドノソ研究のように区別して論じられる(Mehring 124)。更に、両者は叙述様式の性格が異なる点に注目し、観察者の立場から歴史的に「記述する」

部分と当事者の立場から政治的に「遂行する」部分のように区別されることもある(Assmann 15ff.)。

『政治的神学』の最初の三章は、ボダン、ホッブズ、ルソーのような古典的思想家を参照するばかりか、ケルゼン、クラッベ、プロイス、ヴォルツェンドルフら同時代の国法学者の説を引用し、これに反論しつつ、自己の主張を根拠付けるという学術的形式を採用している。そこでは、同僚のユダヤ系法学者エーリッヒ・カウフマン(一八八〇—一九七二年)も、「具体的生の哲学者」と呼ばれて繰り返し引用されている。カウフマンは、スメントと共にシュミットをボン大学に招聘した人物であり、原稿を執筆した一九二二年にはシュミットと親しく付き合っていた。例えば、六月二六日には、「カウフマンは、私の住まいまで同伴した。私は自分のマックス・ヴェーバー論文と[主権の]定義を語ったが、彼は実に賢いとすぐに同意した」(TB III 105)。しかし、まもなくシュミットは、自分が「局外者」だという違和感を漏らすようになり、一九二五年九月一四日には、「悪意ある徒党に追われており、法の保護を奪われていると感じる」とスメントに書く(BW Smend 50, 76)。そして、一〇月三〇日、学部会議が「メンデルスゾーン＝バーソルデュの招聘で恐ろしく興奮し、ユダヤ人の共同体を見た」、カウフマンと「夜二時まで安全保障条約をめぐり議論し、彼に怒った」と日記帳に記し、一一月一六日には、カウフマンが「ロカルノを大きな成果だと称賛したのに対し、私は大きな不幸だと言い返した」と記し、ロカルノ条約の評価をめぐり、外務省の顧問だったカウフマンと敵対的になっていく(TB IV 13, 23)。

他方で、反革命の国家哲学を論じる『政治的神学』第四章は、一九二一年八月九日以来、ドノソ・コルテス研究として計画された書だった。『政治的神学』初版は、表紙扉で、続いて執筆されたカトリシズム論と「同時に、一九二二年三月に執筆された」と注記している。翌一九二三年四月に公刊された『ローマ・カトリシズムと政治的形式』で、シュミットは、教会が「キリスト自身を人格的に代表する」というカトリック的代表理論を唱え、ルター派法学者のR・ゾームが、「法的形式」としてのカトリック教会を「堕罪」と見なした点を批判した。シュミットがスペインの国家哲学者ドノソ・コルテスをいかに受容したかを立ち入って考察すれば、『政治的神学』第四章は、続くカトリシズム論や議会主義論といかに内面的に関連しているかを明らかにすることができる。

2　一九三四年版の変更点

一〇年後の一九三三年春、三月二四日に授権法を制定したヒトラー内閣は、続いて授権された立法権限を利用し、州政府・公務員・労働組合・政党・教会の画一化に着手した。三月三一日に首相府に呼ばれたシュミットは、四月一日から四日にかけて、州をライヒに画一化するライヒ総督法の立法作業に協力した結果、四月七日から州政府・公務員・大学の画一化が急速に進んだ。四月一八日にベルリン商科大学からケルン大学に転任したシュミットは、四月二七日にナチスに入党し、二五日から二八日にかけて『政治的なものの概念』をナチスに都合良く再改訂して、八月に公刊する。ヒトラー政府が、七月一四日にナチス以外の全政党を禁止し、七月二〇日にカトリック教会と帝国政教条約を締結して一党独裁を完成させた同じ時期、シュミットもプロイセン枢密顧問官に任命され、八月七日にはベルリン大学に招聘される。

一九三三年一〇月にベルリン大学に転任したシュミットは、そこで、再び同僚となったカウフマンに出会うが、日記帳から両者の関係は険悪だった様子がうかがわれる。

既に『政治的なものの概念』一九三三年版でシュミットは、カウフマンの歴史哲学を批判した注九を削除していた。一一月九日に「講師室でカウフマン」に会うが、「吐き気を催す」と記し、一一月三〇日には「講師室でカウフマンに対する憤り、ユダヤ人の恥知らず」と記す(TB V 309, 312)。ちょうど同じ頃、一一月二日に出版社から『政治的神学』の新版を公刊する提案を受けたシュミットは、一五日後の一一月一七日に新たな草稿を出版社に送り、一九三四年一月に『政治的神学』第二版が公刊された(Mehring 663, Anm. 109)。

第二版を初版と比較するならば、第二版序言で言うように、「本質的ではないことに関わった箇所」の削除以外、初版から「変わらないまま」どころか、表紙扉の注記以外にも、カウフマンに言及した八箇所と改宗ユダヤ人のシュタールに言及した一箇所が完全に削除されており、削除の範囲も原著で一頁から三頁まで及んでいるのが分かる。本書の太字で記された箇所を読めば、読者は、第二版で削除されたのが「本質的ではないことに関わった箇所」ではなく、国家の緊急事態の意義や新カント派形式主義とラーバント派法実証主義の批判、そして「生ける形式」の要求という、シュミットと共通する問題関心を示す重要な箇所であることを理解できる(初宿、一九四頁以下）。しかも、シュミットは、一九三四年一二月一四日に文部省宛てに書簡を送り、「同化ユダヤ人の特に明白な類型」という反ユダヤ主義的理由から、カウフマンをベルリン大学から追放して教職を剝奪するよう助言した（Lösch 206f., Mehring 314）。独裁権力と癒着した御用学者が、手にした権力手段を利用し、自分に都合の悪い論敵を葬り去ろうとした反自由主義的背徳行為だと言える。

更に、第二版序言でシュミットは、世俗化概念と共に政治的神学を受け入れるプロテスタント神学者（H・フォルストホーフ、F・ゴーガルテン）を評価し、神ばかりか国家をも「完全な他者」と見なし、非政治的神学と自称するプロテスタント神学者（K・バルト）と対比している。一九三三年一一月には、カトリック教会の政教条約締結に続き、ドイツ福音主義教会でも教会の画一化が進行していた（ヴィンクラー、二四頁）。一九三三年七月の福音主義教会選挙では、ナチスを支持する「ドイツ・キリスト者」が三分の二の多数派を占め、九月末にドイツ・キリスト者のL・ミュラーが帝国教会監督に選ばれた。これに対し、三三年末までにニーメラーやボンヘッファーを中心に「告白教会」が形成され、改宗ユダヤ人を教会ポストから排除する教会指導部のアーリア条項要求に反対した。そして、シュミットの友人でナチ党員のH・

オーバーハイトも、一九三三年一〇月に帝国教会の監督になり、H・フォルストホーフも、翌年一月にその監督代理となった(Mehring 338f.)。

したがって、『政治的神学』の第二版序言は、福音主義教会のドイツ・キリスト者による政治的神学の受容を背景に執筆されたと言える。だが、カトリック系雑誌『高地』では、ドイツ福音主義教会の画一化と「国民社会主義の政治的神学」を批判する声が上がってくる(Mehring 338)。そして、半年後の一九三四年六月三〇日から翌日にかけて、ヒトラーが突撃隊幹部と党内外の反対派八五名を射殺し、シュミットが「指導者は最悪の濫用に対し法を守る」「真の指導者は常に裁判官でもある」と書いてこの粛清を正当化した時(PB 228)、「国民社会主義の政治的神学」の帰結は目に見える形で示された。

3　本書の基本概念——例外状態・主権・世俗化・決断

続いて、本書で使用される幾つかの基本概念の由来を見てみたい。

(1) 本書の読者は、シュミットが、最初から「例外状態」を引き合いに出し、主権者を定義するのに驚くに違いない。だが、シュミットにとり、例外状態とは、『国家の価値と個人の意義』から内在的に導き出された概念だった。『国家の価値』は、規範と事実を規範主義的に区別した上で、国家こそ法規範を実現する主体だと論じ、抽象的法を実定化する立法作業を「主権的決断の行為」と呼び、そこには「内容上の無関心」が見られると指摘した。更に『独裁』は、法規範がその実現方法と対立し、「規範からの例外」が生じる状態を「例外状態」と呼び、「最高権威による授権」が例外を許容し、代理人の独裁を正当化すると論じた。本書は、規範からの例外が生じる「例外状態」の概念を、『独裁』から受け継いでいる。

シュミットにとり、こうした例外状態の原体験は、一九一九年春にミュンヘンで都市駐留部隊の一員としてレーテ共和国と戦った内戦経験にあった。それは、国家の正常な秩序が崩壊し、軍隊が法廷を代用する即決裁判が例外法として通用する戦場の世界だった。こうした内戦下の例外状態では、人々は自己保存する自然の権利を否定されて無権利状態に置かれるため、敵と味方の両グループに分かれて、内戦の勝者を目指す集団的闘争に加わる以外になくなる。一九二七年にシュミットは、敵と味方にグループ分けする例外状態を「政治的なものの概念」と呼んで再び論じることになる。

本書末尾でも、既に「政治的なもの」という用語が三度使用されているのが注目される。

(2) こうした例外状態論を前提として、シュミットは、第一章の冒頭で主権者を「例外状態に対し決定する者」と新たに定義する。そして、ボダンやホッブズの主権概念を再解釈して、規範主義に対立する決断主義の立場を引き出す。一六世紀フランス宗教内戦の思想家ボダンは、『国家論六巻』(一五七六年)で、「主権」(souveraineté)概念を初めて導入し、これを「国家の絶対的で永続的権力」と定義したが、主権者も神により立てられた以上、自然法により拘束されると論じた。しかし、シュミットは、緊急時には主権者に対する自然法の拘束力は解消するという独自のボダン解釈を加える。第二章では、一七世紀英国宗教内戦の思想家ホッブズも、『リヴァイアサン』(一六五一年)で、主権者は、何が正しいかという自然法の解釈を独占できると考え、ラテン語版で「真理ではなく権威が法を作る」と表現したと指摘する。シュミットは、『国家の価値』で、教皇が自然法の解釈権を持ち、「聖座からの決定は誤りがない」というカトリック教会の公定教義を採用していたが、第四章でも、フランスの反革命哲学者メーストルを引いて、教皇無謬説のドグマが主権者の無謬性へと受け継がれたと論じる。

第二章では、シュミットは、ケルゼン、クラッベの規範主義やプロイス、ヴォルツェンドルフの団体主義に反論し、カウフマンの新カント派形式主義批判から法形式への問いを引き出す。G・イェリネックは、『一般国家学』で、法形成の過程は自然法規範と事実上の権力関係という二つの異なる要素から構成されると論じた。シュミットは、法規範を実現する両要素の中で、前者の規範内容の要素を捨象し、後者の法形式の要素を強調して、法的決定は「論議する根拠付けから独立」し、規範的に見れば「無から生まれている」と断定する。自然法規範へのシュミットの無関心は、実定法を超えた自然法観念が信用を失ったというヴェーバー『法社会学』の判断に負うものと考えられる。規範的に拘束されず、例外状態に決定を下す主権の概念は、『独裁』と同じく、ワイマール憲法第四八条が大統領に認めた緊急命令権を、「内容上むしろ無制約な全権」と幅広く解釈する態度として表れる。一九二四年四月のドイツ国法学者大会報告でシュミットは、大統領緊急命令権の拡大解釈を論じることになる。

(3) 続いて第三章冒頭でシュミットは、「近代国家論の主要な概念はすべて神学的概念を世俗化したものである」と宣言し、世俗化テーゼを唱える。「世俗化」(Säkulari-

sierung)とは、本来は宗教改革やフランス革命で見られた教会財産の没収を意味し、カトリック教会にとり、歴史的不正の響きを帯びていた。シュミットは、否定的意味で使用された世俗化の用語を、第一に、神学的概念が国家論に転用される四段階の歴史的過程として捉え直す。世俗化の第一期は、超越神の観念が「神の代理人」へと世俗化されれば、最初の主権者たる絶対君主が現れるという一七世紀の世俗化である(デカルトやホッブズ)。世俗化の第二期は、神が世界を創造したが支配しないという理神論が世俗化されれば、「君臨すれども統治しない」立憲君主が現れるという一八世紀の世俗化である(一七九一年フランス憲法)。世俗化の第三期は、神が現世に内在するという汎神論が世俗化すれば、絶対君主に代わり、人民が新たな主権者となるという一九世紀の内在化である(ルソーやヘーゲル)。世俗化の第四期は、神に代わり人類が支配するという無神論が世俗化すれば、国家を否定する無政府主義が現れるという二〇世紀のニヒリズムである(ヘーゲル左派やプルードン)。

有神論から理神論と汎神論を経て無神論に至る世俗化の四段階の図式は、シュミットがドノソ・コルテスから借用した説である(Arias 195ff.)。ドノソは、一八五〇年一月に「欧州の一般的状況」を論じた講演で、二月革命後の欧州が第三期の共和主義に入り、第四期の社会主義に向かっていると予言した(Donoso 69ff., 古賀、八一頁以下)。シュミットも、新たに主権者となった人民が、絶対君主のような「決断主義的性格を持たない」と述べて内在化の帰結を批判する。ここから、教皇から受け継いだ人格的代表の遺産を継承すれば、革命後の共和政は安定できるという結論が導き出される。

第二に世俗化とは、シュミットにとり、主権概念の歴史的発展ばかりか、形而上学的世界像が政治組織の形式と同じ体系的構造を持つという「概念の社会学」の事例を意味する。『国家の価値』でシュミットは、教皇が支配する法的組織としてカトリック教会を正当化し、カトリック教会の権威主義的組織を世俗国家にも転用できると考えた。フランスの反革命哲学者ボナールも、『政治・宗教権力論』(一七九六年)で、君主政・貴族政・民主政・混合政体という政治形式とカトリシズム・ルター派・改革派・英国教会という宗教組織の間の類比を指摘していた(Arias 192f.)。カトリック教会の法的組織をモデルとする政治秩序像こそ、神学概念を政治化するという「政治的神学」の本来の意味であり、翌一九二三年の議会主義批判に継承され、『憲法論』(一九二八年)で前提とされると共に、一九三四年には、ヒトラー独裁を神学的に正当化する「国民社会主義の政治的神学」へと転用されるものである。

(4)　最後に第四章でシュミットは、ドノソ・コルテス研究の成果として決断と独裁の概念を急進的に政治化し、政治理論の人間学的前提を指摘して、自由主義や無政府主義の思想と対決する。『政治的ロマン主義』(一九一九年)では、ドイツ・ロマン派に代表される近代主観主義を、「永遠の対話」を繰り返す「機会原因論」と批判していた。本書でも、自由主義的市民層は、ロマン主義と同じく、永遠の論議に逃げ込み、決定を回避する「論議する階級」だと批判する。そして、『政治的ロマン主義』でフランスの反革命哲学者メーストルやボナールを論じたのに対し、本書では、スペインの反革命哲学者ドノソ・コルテスを受容して、王朝的「正統性から独裁への発展」を承認し、無政府主義者に対する決断として独裁は避けがたいと説く。

『独裁』でも、ドノソが一八四九年一月にスペイン下院で独裁を論じた講演を三回引用し、独裁に見られる国法の停止を奇跡に見られる自然法則の停止に対比し、一八四八年のフランス第二共和政を「共和政の名称下の独裁」と呼んでいた(Donoso 33, 35)。ドノソは、一八四九年の独裁講演で、二月革命の政治的抑圧を「自由は死んだ」と批判し、「反乱の独裁と政府の独裁」「下からの独裁と上からの独裁の間の選択」で後者を選ぶように訴えた。翌年の欧州状況講演でも、ロシアにおける社会主義とスラヴ民族の結合を予言し、英国で復興する「カトリシズムのみが革命と社会主義に対抗する急進的手段でありうる」と説いた(Donoso 55, 76)。シュミットにとり、一九一九年春にミュンヘンのレーテ共和国が三万人の国防軍・義勇軍により武力弾圧されたように、無政府主義者の革命勢力には反革命独裁への決断以外にないという洞察こそ、例外状態に対する「決断」「厳しい道徳的決定」の具体的意味なのである。

第四章を再録した戦後のドノソ論(一九五〇年)でシュミットは、一八四八年革命の六月蜂起(死者五六〇〇人)を経験したドノソが、「その後百年間にすべての革命運動が帰着するだろう血の海全体」を見通し、「まさに絶対的人道性の疑似宗教が非人間的テロルへの道を開くという正確な認識」を表明した点を評価した(DC 108f.)。第一次大戦後のシュミットは、「一八四八年の恐怖の深淵」を見抜いたドノソの独裁講演から、二万人の赤軍と戦い、死者六〇六人を出した一九一九年春の恐怖という自分自身の内戦経験も説明できると考えたのであろう(カーショー、一三九頁以下)。

4 本書の影響作用

次に、本書が戦前・戦中・戦後に及ぼした影響作用を見てみたい。

(1)『政治的神学』に対する同時代の代表的反応は、シュミットと同じ世代による決断主義と世俗化テーゼに対する論争的批判であり、一九三四年版を対象としていた。まず、ハイデガーに学び、亡命を余儀なくされた哲学者K・レーヴィット(一八九七―一九七三年)は、一九三五年に『国際法理論雑誌』に匿名で公表された論文「政治的決断主義」で、『政治的神学』の決断主義に対し正面から論争を挑んだ(Löwith 1935)。レーヴィットは、シュミットの決断主義が、時々の状況を機縁とする機会原因論であり、規範的に拘束されないロマン主義と同じ特徴を帯びていると指摘する。シュミットが例外を弁護するのに引き合いに出す実存哲学者キルケゴールは、例外が一般との関連でのみ正当化されると考えており、例外そのものを正当化していない。何にも拘束されず、無から作り出される決定とは、決定内容に対して無関心なニヒリズムに他ならず、シュミットが感銘を受けたドノソ・コルテスの立場とは異なる。ドノソ自身は、教皇の命令に従い、正統信仰に基づき、決定が正しいと確信できたのに対し、シュミットが何にも拘束されない決定を主張する根拠は『政治的なものの概念』で明らかになるという。スペインのドノソ研究者アリアスも、ドノソが無からの決定を拒否したはずだというレーヴィットの決断主義批判に同意している(Arias 167, 171, 204)。

(2) 次に、ボン大学でシュミットの同僚だった神学者E・ペテルゾン(一八九〇―一九六〇年)は、同じ一九三五年に『政治問題としての一神教』で、『政治的神学』の世俗化テーゼに対し正面から反論した。共和政ローマが帝政へ移行する時期、元首アウグストゥスから皇帝コンスタンティヌスにかけて、カエサレアの司教エウセビオス(二六五―三三九年)は、天上の神と地上の君主を対応させる教義を説いた。ペテルゾンは、この「神的君主政」の教義を、皇帝独裁と一神教を結合するローマ帝国の「政治的神学」と見なし、ギリシア哲学の君主政原理とユダヤ教の唯一神が融合した異端の教義だと解釈する。だが、コンスタンティヌス帝以後、被造物に対応物を持たない三位一体の神というキリスト教の正統教義が確立すると共に、政治問題化した一神教は「神学的に一掃され」、キリスト教を政治的に濫用する「あらゆる政治的神学との断絶」も成し遂げられたと結論する。「ユダヤ教や異教を土台としてのみ政治的神学のようなものはありうる。しかし、三位一体の神へのキリスト教信仰はユダヤ教や異教の彼方にあり、三位一体の秘密は被造物になく、神性にのみある」。最後の注でペテルゾンは、シュミットの名前を挙げて、「政治的神学が神学的に不可能だと具体例に即して証明する試みをここで行った」と宣言する(Peterson 99f., 158)。

シュミットは、ボン時代にペテルゾンと個人的に親しく、彼の書『一つの神』(一九二六年)を翌年『人民投票と人民請願』で引用し、喝采概念を取り入れたほどだったから、ペテルゾンの容赦ない批判はシュミットの心に突き刺さったと推測される。戦後シュミットは、一九六五年三月一〇日のD・ブラウン宛て書簡で、ペテルゾンとの「この友好関係は政治的神学の問題で破壊されました。今日でも私は、あらゆる政治的神学が三位一体の教義により不可能になったというペテルゾンの厚かましい主張に憤慨しています」と告白すると共に(BW Braun 77)、最後の書『政治的神学II』(一九七〇年)でペテルゾンへの反論を試みる。

(3) これに対し、シュミットより若い世代の中には、『政治的神学』一九二二年版を真剣に受け止め、世俗化テーゼや決断主義すら受容する者も見られた。ベルリンの同世代批評家W・ベンヤミン(一八九二―一九四〇年)は、『ドイツ悲劇の根源』(一九二八年)で、『政治的神学』第一章を引用してバロック時代の君主権を描き出し、一九三〇年一二月九日付書簡を添えてシュミットに献呈した。「近々、出版社から拙著『ドイツ悲劇の根源』が貴方に送られるでしょう。……本書が、一七世紀の主権論を叙述するに当たり、貴方にどれだけ負っているか、貴方は直ちに気付かれるでしょう。更に申し上げてよければ、私は、貴方のその後の著作、特に『独裁』からも、貴方の国家哲学的研究方法により私の芸術哲学的研究方法が正しいと確認されたのを読み取りました。拙著をお読みいただき、私のこの気持ちが理解していただけるならば、拙著をお送りした意図は果たされるでしょう」(BW Benjamin 558, RW 265-1228)。シュミットは、後に『ハムレットまたはヘカベ』(一九五六年)でベンヤミンの書簡に言及している。

若き法学徒K・ブッデベルク(一九〇五年―?)も、一九二八年三月二八日、シュミットを訪問し、「政治的神学の報告を読み上げた」が、シュミットの日記帳には「興味深いが退屈だ」と記されている(TB IV 215)。そして、マールブルク大学で学位を取得した翌日、一九三二年一一月一日付書簡で、シュミットに学位論文の公表方法を相談すると共に(RW 265-2145)、その要約版「神と主権者」や「デカルトと政治的絶対主義」(一九三七年)を公表している。そこでブッデベルクは、カルヴァンの予定説やデカルトの神学的決断主義、一六三〇年四月一五日付メルセンヌ宛書簡、スコトゥスの意志優位説といった世俗化テーゼの具体例を数多く論じ、『政治的神学』第三章をプロテスタント神学の文脈で解釈しようとした(Buddeberg)。シュミットも、『法学的思考の三類型』(一九三四年)や『リヴァイアサン論』(一九三八年)では、ブッデベルクを引用しつつ、世俗化テーゼをプロテスタント神学に適用しようと試みている。だが、ブッデベルクによる世俗化のプロテスタント的再解釈は、福音主義教会の画一化に表れた国民社会主義の政治的神学を考えるならば、余りに無批判な受容だったと言わざるをえない。

(4)『政治的神学』の世俗化テーゼと決断主義を受容したもう一人の若い世代は、徳川日本の儒学史解釈に世俗化テーゼを適用できると考えた日本の政治学者丸山眞男(一九一四―一九九六年)である。若き丸山は、第二論文「近世日本政治思想における自然と作為」(一九四一―四二年)で、徳川時代に進行した朱子学の解体過程を主体的作為の論理の発展図式で説明し、そこに「近代意識の成長」を見出せると考えた。朱子学では、自然に内在する自然法的理念である「道」が人格に対し優位していたのに対し、荻生徂徠では、唐虞《とうぐ》三代の君主に代表される「聖人」が、道を無から作為する主体的人格として理念に対し優位する。そして、聖人と道の新たな関係を支配者と制度の関係に類推すれば、「政治的決断」による上からの制度改革を企てる徳川将軍の絶対主義が引き出されるという。丸山は、朱子学から徂徠学にかけて見られる作為の論理の発展が、西欧の宗教改革と絶対主義に見られる神の超越化と世俗化に二重に対応すると指摘する。そして、徳川将軍の絶対君主像を底辺まで拡大すれば、西欧の社会契約説に対応する自由民権論の「人作説」の出現を説明できると論じる（丸山、二三二頁以下）。

ここで丸山は、シュミットの世俗化テーゼを、『政治的神学』の最初の三章が掲載された『マックス・ヴェーバー追悼論集』から引用し、ブッデベルクの二論文「神と主権者」「デカルトと政治的絶対主義」を縦横に活用する一方で、ホッブズの法実証主義的命題や制作主体を前提とする彼の機械的国家観を参照している（権左、一九九九）。そのため、丸山は、『政治的神学』第四章のドノソ論を視野から見失うと共に、ブッデベルクのプロテスタント的世俗化解釈をそのまま受け入れる結果になる。しかも、丸山が描き出す作為の論理の発展図式は、個人の自然権を根拠付けた革命的自然法の役割を正当に評価できず、憲法制定権力の決断主義的解釈に陥りかねない点で根本的問題を抱えている。というのは、丸山も、自然法に拘束されず、無から決定する主権者というシュミットのボダン解釈を無批判に受け入れているからである。したがって、初期丸山の西欧近代理解では、宗教改革やフランス革命の果たした歴史的意義、すなわち内面的自由を獲得し、人権宣言を制定した近代自然法上の意義を正しく理解できない。そればかりか、世俗化テーゼと決断主義からなる主体的作為の論理では、革命独裁と近代ナショナリズムを経て、反革命独裁に転化する政治的神学の帰結に抵抗するのは極めて困難だと言わなければならない。

(5)　戦後に合衆国から帰国したレーヴィットは、一九六〇年版「C・シュミットの機会原因論的決断主義」で戦前の決断主義批判を公表し、戦後世界に普及させる一方で(Löwith 1960)、『世界史と救済史』(一九五三年)では、世俗化テーゼを歴史哲学の次元に適用し、近代の歴史哲学は、終末のキリスト再臨が真の平和をもたらすというアウグスティヌスの終末史観を世俗化したものだという新たな世俗化テーゼを唱えた。これに対し、戦後合衆国にとどまったH・アレントは、『革命について』(一九六三年)で、フランス革命が失敗した要因は、神の意志による創造・制作モデルを人民の憲法制定権力として受け継いだからだと論じ、近代の世俗化過程を批判した。他方で、H・ブルーメンベルクは、『近代の正統性』(一九六六年)で、世俗化テーゼを批判し、近代を、神学的絶対主義に対し人間が自己主張した「グノーシス主義の第二の克服」と捉えて、近代の正統性を論証しようとした。したがって、シュミットの世俗化テーゼは、近代の歴史哲学や近代革命の正統性を論じる上で、今日でも参照すべき理論枠組にとどまっていると言える。

5 『政治的神学Ⅱ』の反論と弁明

戦後のシュミットは、最後の著作となった『政治的神学Ⅱ』(一九七〇年)で、『政治的神学』に対する三五年前のペテルゾンの批判に応答している。本書の影響作用史の最終章として、『政治的神学』の続編によるペテルゾンの批判への反論と弁明を見ておきたい。

(1) 一九三五年の書『政治問題としての一神教』は、主題と素材を一神教・君主政・西暦最初の数世紀に限定するにもかかわらず、現実問題の批判と抵抗、すなわち「指導者崇拝・一党制・全体主義に対する当てこすり」と見られたため、盛んな同意と歓迎を受けて、戦後に「伝説」となった。シュミットは、「あらゆる政治的神学が一掃された」というペテルゾンの最終テーゼが、証明に使用した素材から一貫した結論として導き出されるか、検討しようとする(導入部)。執筆の契機となったのは、一九三二年二月以後シュミットと個人的に親しかった教会法学者H・バリオンが、アウグスティヌス二世界論の立場からシュミットのカトリシズム論に加えた批判、すなわち第二次バチカン公会議(一九六二―六五年)により、シュミットが称賛するカトリック教会のモデルは「世界史上の権力形式」の土台を奪われたという批判だった(第一章・第二節)。

最初にシュミットは、一九三五年に至るまでのペテルゾンの神学的発展を、第一次大戦後にドイツ・プロテスタント神学が置かれた内的危機という歴史的背景から説明する(第一章・第一節)。一九一八年の君主政廃止により、神の国と地の国というアウグスティヌス二世界論の区別を可能にした制度的保障が失われたため、教会と国家という主体の権限が動揺し、霊の統治と世俗の統治というルター以来の分離は廃止された。革命的階級に代表される社会の領域が現れて、教会と国家の区別を解体した結果、宗教の危機と批判をプロテスタントの本質と見なすヘーゲル左派B・バウアーの神学批判が現実になった。ペテルゾンは、教義を絶対化するキリスト教神学により、ドイツ・プロテスタントの危機を脱し、危機に耐える神学教義の確実さに到達できると信じて、一九三〇年にカトリックに改宗した。一九三五年の『政治問題としての一神教』は、「一九三三年に権力掌握したヒトラーの国民社会主義体制の全体性要求」から生じた「新たな危機状況」の下で書かれた。だが、ペテルゾンは、アウグスティヌスの二世界論に固執する余り、革命的階級が教会と国家の制度を疑うという「近代の教会・国家・社会問題の危機」を無視しているとシュミットは批判する。

(2) 次にシュミットは、一九三一年のペテルゾンの論文「神的君主政」が、証明の素材でも論証でも、一九三五年の書を大部分先取りしていると指摘し、この書で使用される君主政概念や一神教概念の限定性、政治的神学の典型とされたエウセビオスの評価を論じる(第二章)。第一に、この書で使用される君主政概念では、元首アウグストゥスが共和政的正統性に依拠していた点が無視されており、近代の人民投票的君主政も論じられていない。「近年の政治的神学の最も目立つ事例」であるヴェーバーのカリスマ的正統性は、『一つの神』(一九二六年)の著者ペテルゾンが論じることができたはずだが、「(ルドルフ・ゾームに由来する)世俗化したプロテスタント神学の派生物」と見られて論じられない。こうして君主政概念が狭く限定された結果、この書は、民主政の広大な領域を度外視するばかりか、革命と抵抗のすべての問題を欠落させている。

第二に、この書の一神教概念は、ユダヤ教、ギリシア・ローマの異教、三位一体のキリスト教に限定されており、啓蒙の一神教(レッシング)やイスラムを度外視している。一九三五年の書は、アレクサンドリアのフィロンのようなユダヤ教徒や異教徒が唱えた「神的君主政」という非キリスト教神学が政治的神学の本来の土台だと見ており、異教の政治的神学(ケルスス、ポルフュリオス)は一掃されていない。したがって、ペテルゾンが引き出した結論は、「政治的神学一般に関する普遍妥当的言明」を提供することができない。

第三に、カエサレアのエウセビオスは、コンスタンティヌス皇帝を礼賛したため、皇帝教皇主義者や皇帝に仕える宮廷神学者、不誠実な歴史家と非難されてきたが、彼の事例が政治的神学の全問題にとり典型的だという説明も根拠付けもなされていない。神学教義の上では、エウセビオスは、ニカイア公会議(三二五年)に深く関わり、三位一体説の異端アリウスを支持し、「父と子の非同一性」「父への子の従属」を強調したが、神学教義上の汚点から見て、彼を政治的神学の典型だと言うのは説得力がない。そこで、アウグスティヌスの終末論的平和概念に対して、ローマ帝国の平和を過大評価した誤った終末論者という点で政治的神学の原型だと見なされる。確かに、エウセビオスは、コンスタンティヌス帝を内戦の克服者アウグストゥスに対比して礼賛し、「一つの神、一つの世界、一つの帝国」という神的君主政を説いた。しかし、ディオクレティアヌス帝の迫害を耐え抜いたキリスト教司教が、迫害を終わらせたコンスタンティヌス帝を称賛するのは、皇帝を神と混同しない限りで自然な態度であり、神学的に一掃する理由とならない。したがって、ローマ帝国を政治的に選択したためにエウセビオスを政治的神学者だと貶めるペテルゾンの論証は、「純粋な神学と不純な政治という抽象的・絶対的な二者択一」を超えておらず、プロテスタント神学の危機から生じた政治問題に対する政治的解答に他ならない。ペテルゾンは、ドグマティズムへの回帰により危機から逃れて、危機に耐える純粋神学を見出したと信じたが、これでは政治的神学の問題全体を取り除けず、教会と国家の実質的分離も役立たず、純粋な神学という要求も信じられない。

(3) 最後にシュミットは、「政治的神学が神学的に一掃された」という最終テーゼの訴求力を論じる(第三章)。まず、神学に相応しくない「一掃する」の表現は、「神学的概念と法学的概念の構造的同一性」という『政治的神学』の主題を覆い隠していると批判する。ペテルゾン自身、一九二五年論文で、教義や秘跡が「受肉した神の言葉の執行」だという法律用語の神学的意義を認めており、一九三一年論文では、テルトゥリアヌスが神的君主政を法律化したと言い、特殊法学的思考の神学的可能性を認めていた。神学と法学の関係にとり決定的に重要なのは、教会制度化の瞬間に、法学者テルトゥリアヌスが殉教者のカリスマに固執し、官職カリスマへの転換に抵抗したのに対し、キプリアヌスが、前者の純粋カリスマを否定し、「教会の外に救いなし」と定式化し、聖職者と平信徒を区別する法的組織を完成させた点である。したがって、神学と法学を対置する観点からのみ、政治的神学の神学的一掃という命題は学問的に厳密な意味を持つ。それは、政治的領域における神学の決定権限を要求する争いを引き起こすが、この権限争いは、両当事者が和約しなければ、一六・一七世紀の宗教内戦と同様、「誰が決定するか」への解答か、それとも分離協議で終わる以外にない。

以上のシュミットの反論については、次の三点を指摘しておきたい。第一に、シュミットにとり、ペテルゾンの書は、教会と国家の区別が崩壊した後で純粋神学に逃れる非政治的神学にすぎなかった。そこで、シュミットは、神学と政治を区別するアウグスティヌスの二世界論を批判する一方で、ローマ帝国を反キリストの出現を阻む「カテコーン(抑止者)」と捉える可能性に言及している(PT II 64)。だが、盟友バリオンすら、シュミットの反論を「政治的神学に対する私の解答の拒否」「絶えざる自己正当化と弁解の一部」と見て不快感を隠さなかった(Marschler 408f.)。

第二にシュミットは、ゾーム教会法のカトリック的読解に従い、教皇に集権化した法的組織という戦前のカトリック教会観にとどまっており、ラテラノ条約(一九二九年)や帝国政教条約(一九三三年)による教会と国家の和約を追認している(PT II 62)。だが、以後のユダヤ人迫害に対する教皇ピウス一二世の傍観者的態度こそ、戦後R・ホーホフートの戯曲『神の代理人』(一九六三年)で厳しく非難されたカトリック教会の根本問題だった。

第三にシュミットは、非神学者である限り、三位一体論で神学者と論争しないと言いつつ、後記では、ナジアンズのグレゴリウスの三位一体論の定式「一者は常に自己自身に反乱している」を引き、三位一体論に内在する父への子の「反乱(stasis)」の可能性を指摘し、「神に抗しうるのは神自身のみ」(ゲーテ)に従えば、「神学は反乱学(Stasiologie)になる」と付言している(PT II 90, 95)。だが、父への子の従属であれ、反乱であれ、近代歴史哲学の前提をなす三位一体論の正統教義、すなわち神の受肉による父と子の同一性(ヘーゲル)とは相容れないものだった。

結　び

本書の基本概念の由来と影響作用を見た上で、最後に、戦後シュミットの著作を振り返りつつ、本書に含まれている問題点を考えてみたい。『政治的神学』は、第一次大戦の敗戦とドイツ革命の時代経験に由来すると共に、シュミットが育ったカトリック的環境に拘束されるがゆえに、幾つかの問題点を抱えている。

第一に、例外状態で決定を下す主権概念は、一九一八年から翌年春にかけてのミュンヘン革命と内戦の経験に決定的に負っていたが、自然法に拘束されず、「無から作り出される」決定のニヒリズム的性格は、シュミットが引用するボダンやホッブズにも、ドノソ・コルテスにも実は見出されない(Arias 178)。ボダンにとり、主権者は自然法・神法により内在的に制約されており、自然法を守る統治こそ正統な統治だとされた。ホッブズにとり、個人は自己防衛する自然権を譲渡せず、留保しているからこそ、主権者の命令に服従しない「臣民の真の自由」を保証された。戦後のシュミットは、一九四七年九月から翌四八年八月にかけて書かれた日記帳で、「人間の法は存在せず、神の法のみが存在する」というドノソの言葉に同意しつつ、自然や法の概念は無規定なままにとどまる多義的概念だから、「自然法は一般的な賛同を得られないだろう」と記した(GL 16, 37f., 142)。これに対し、ルソー以後の自然権の拒否がニヒリズムを生み出したというシュトラウスの『自然権と歴史』(一九五三年)を筆頭に、戦後ドイツでは、自然権の起源を(グロティウスではなく)古代ギリシアまで遡る古典的自然法の復興現象が一九七〇年代まで見られた。

第二に、カトリック教会を秩序モデルとする政治的神学は、教皇が自然法解釈を独占するというカトリックの公定教義を前提としていたが、教皇の決定は誤らないという無謬説が、最初の主権者たる絶対君主を経て、新たな主権者たる人民へと受け継がれた後に大きな問題を引き起こした。というのも、無謬性の想定は、人民の多数派が誤った判断による決定を下すリスクを無視するからであり、その危険は、人民投票で選ばれた指導者に強力な権限を与える大統領直接公選制に最も顕著に見られた。シュミット自身、一九七一年一二月の対談で、一九三三年の授権法制定以後を振り返り、「なぜあなたはヒトラーに協力したのか」という問いに対し、「私は何も決定しなかった。ヒトラーが決定した」と答えた。だからこそ、戦後のドイツ憲法(一九四九年)は、大統領から実質的権限を剝奪して議会選出制にすると共に、基本権や連邦制の基本原則に反する憲法改正を禁止して、多数者の権力に立憲主義的制約を付した（権左、二〇一二）。そして、一九八〇年代から、公共の場で論議し根拠付けて決定内容を理性的に正当化するという討議民主主義論が説かれた。

第三に、有神論から理神論と汎神論を経て無神論に至る世俗化の四段階の図式は、ドノソ・コルテスから得られた説であり、一九二九年一〇月の講演「中立化と脱政治化の時代」では、紛争領域が神学的領域から形而上学的・道徳的領域を経て経済的領域に移動する中立化と脱政治化の過程として捉え直される。ドノソの歴史的図式は、世俗化の過程を、ローマ帝国の肯定的文明が否定的文明へと不断に没落・解体する過程と見る反近代的歴史観を意味しており、社会主義の政治的神学に対抗して歴史の意味を再解釈するキリスト教的歴史哲学を提供した。このキリスト教的歴史哲学は、帝国の歴史を反キリストに対するカテコーン（抑止者）と意味付け、大統領権限の拡張解釈を正当化する歴史解釈として、一九三二年以来シュミットにより受容された（Mehring 276, 古賀、一三六頁）。戦後ドノソ論でもシュミットは、ドノソを神学者ではなく、「一八世紀の啓蒙と共に始まる本来の歴史哲学を通過」し、「自分の中で克服した」歴史哲学者として評価した(DC 13)。一九四七年一二月の日記帳でも、「カテコーン(katechōn)のみがドノソの政治理論に適した神学的概念だっただろう」と記した(GL 52)。一九八〇年代から、英国のカトリシズム復興に代わり、英米のキリスト教原理主義が、社会主義者の支配を阻むカテコーンの役割を演じることになる。

以上のように、本書の政治的思考は、革命の時代経験とカトリック的環境により制約されているため、自然権の喪失、理性的正当化の不在、反近代的歴史哲学という高価な代償を支払うことになった。戦後ドイツの思想家たちと同様、これら理論的欠陥を自覚し克服するため、本書が批判的に読まれることを願いつつ、訳者解説を終えることにしたい。

文献一覧

1 『政治的神学』の元になった論文

Carl Schmitt, „Soziologie des Souveränitätsbegriffes und politische Theologie“, in: *Haupt-probleme der Soziologie, Erinnerungsgabe für Max Weber*, Bd. 2, München / Leipzig 1923, S. 3-35.

C. Schmitt, „Staaatsphilosophie der Gegenrevolution“, *Archiv für Rechts- und Wirtschafts-philosophie*, Bd. 16, 1922/23, 121-131.

2 日記帳・書簡集

TB II = C. Schmitt, *Die Militärzeit 1915 bis 1919, Tagebuch Februar bis Dezember 1915, Aufsätze und Materialien*, hg. v. E. Hüsmert und G. Giesler, Berlin 2005.

TB III = C. Schmitt, *Der Schatten Gottes, Introspektionen, Tagebücher und Briefe 1921 bis 1924*, hg. v. G. Giesler, E. Hüsmert und W. H. Spindler, Berlin 2014.

TB IV = C. Schmitt, *Tagebücher 1925 bis 1929*, hg. v. M. Tielke und G. Giesler, Berlin

2018.

TB V = C. Schmitt, *Tagebücher 1930 bis 1934*, hg. v. W. Schuller, in Zusammenarbeit mit G. Giesler, Berlin 2010.

GL = C. Schmitt, *Glossarium, Aufzeichnungen aus den Jahren 1947 bis 1958*, hg. v. G. Giesler und M. Tielke, Berlin, Erweiterte Neuausgabe 2015.

BW Smend = R. Mehring（Hg.）, *„Auf der gefahrvollen Straße des öffentlichen Rechts“, Briefwechsel Carl Schmitt—Rudolf Smend, 1921–1961*, Berlin 2010.

BW Wolzendorff = M. Otto（Hg.）, „‚Mein Fachkollege Koellreuter ist zwar gewiß kein Genie.‘ Briefe von Kurt Wolzendorff an Carl Schmitt 1920 / 21“, *Schmittiana* Neue Folge Bd. 2, 2014, 53–86.

BW Braun = M. Braun, M. Eichhorn, R. Mehring（Hg.）, *Erst Leviathan ist der Ausdruck vollendeter Reformation, Briefwechsel Carl Schmitt—Dietrich Braun 1963–1966*, Berlin 2022.

BW Benjamin = W. Benjamin, *Gesammelte Briefe*, Bd. 3, hg. v. Ch. Gödde und H. Lonitz, Frankfurt a. M. 1997.

3 シュミットの他の著作

C. Schmitt, *Der Wert des Staates und die Bedeutung des Einzelnen*, 1914, Berlin 2. Aufl. 2004.

C. Schmitt, *Politische Romantik*, 1919, 2. Aufl. 1925, Berlin 1991. 邦訳『政治的ロマン主義』(みすず書房)

C. Schmitt, *Die Diktatur*, 1921, 2. Aufl. 1928, Berlin 1994. 邦訳『独裁』(未來社)

C. Schmitt, *Römischer Katholizismus und politische Form*, 1923, 2. Aufl. 1925, Stuttgart 1984.

C. Schmitt, *Die geistesgeschichtliche Lage des heutigen Parlamentarismus*, 1923, 2. Aufl. 1926, Berlin 1991. 邦訳『現代議会主義の精神史的状況』(岩波文庫)

C. Schmitt, *Volksentscheid und Volksbegehren*, 1927, Berlin 2014. 邦訳『国民票決と国民発案』(作品社)

C. Schmitt, „Der Begriff des Politischen“, *Archiv für Sozialwissenschaft und Sozialpolitik*, Bd. 58, 1927, S. 15ff.

C. Schmitt, *Verfassungslehre*, 1928, Berlin 1993. 邦訳『憲法論』(みすず書房)

C. Schmitt, *Staatsgefüge und Zusammenbruch des zweiten Reiches*, Hamburg 1934. 邦訳『第二帝政の国家構造とビスマルクの遺産』(風行社)所収

C. Schmitt, *Über die drei Arten des rechtswissenschaftlichen Denkens*, Hamburg 1934. 邦

訳『危機の政治理論』(ダイヤモンド社)所収

C. Schmitt, *Der Leviathan in der Staatslehre des Thomas Hobbes*, 1938, Köln Neuausgabe 1982. 邦訳『リヴァイアサン』(福村出版)

PB = C. Schmitt, *Positionen und Begriffe, im Kampf mit Weimar—Genf—Versailles 1923–1939*, Berlin 1940, 3. Aufl. 1994.

DC = C. Schmitt, *Donoso Cortés in gesamteuropäischen Interpretation*, Köln 1950.

C. Schmitt, *Hamlet oder Hekuba, Der Einbruch der Zeit in das Spiel*, Düsseldorf / Köln 1956. 邦訳『ハムレットもしくはヘカベ』(みすず書房)

C. Schmitt, *Der Begriff des Politischen*, Text von 1932 mit einem Vorwort und drei Corollarien, Berlin 1963, 3. Aufl. 1991. 邦訳『政治的なものの概念』(岩波文庫)

PT II = C. Schmitt, *Politische Theologie II, Die Legende von der Erledigung jeder Politischen Theologie*, Berlin 1970. 邦訳『政治神学再論』(福村出版)

4 伝記・研究書・歴史書等

R. Mehring, *Carl Schmitt, Aufstieg und Fall*, München 2009, 2. Aufl. 2022.(初版で引用する。)

J. R. H. Arias, *Donoso Cortés und Carl Schmitt*, Paderborn 1998.

J. Assmann, *Herrschaft und Heil, Politische Thelogie in Altägypten, Israel und Europa*, München 2000.

F. Degenhardt, *Zwischen Machtstaat und Völkerbund, Erich Kaufmann（1880–1972）*, Baden-Baden 2008.

J. Donoso Cortés, *Über die Diktatur, Drei Reden aus den Jahren 1849 / 50*, hg. v. G. Maschke, Wien, 2. Ausgabe 2018.

A.-M. Gräfin von Lösch, *Der nackte Geist*, *Die Juristische Fakultät der Berliner Universität im Umbruch von 1933*, Tübingen 1999.

Th. Marschler, *Kirchenrecht im Bannkreis Carl Schmitts, Hans Barion vor und nach 1945*, Bonn 2004.

B. Nichtweiss, *Erik Peterson, Neue Sicht auf Leben und Werk*, Freiburg i. B. 1992.

M. Stolleis, *Geschichte des öfffentlichen Rechts in Deutschland* Bd. 2, *Staatsrechtslehre und Verwaltungswissenschaft 1800–1914*, München 1992.

M. Stolleis, *Geschichte des öfffentlichen Rechts in Deutschland* Bd. 3, *Staats-und Verwaltungsrechtswissenschaft in Republik und Diktatur 1914–1945*, München 1999.

I・カーショー『ヒトラー　上　一八八九－一九三六　傲慢』（白水社、二〇一六年）

M・グリーン『リヒトホーフェン姉妹──思想史のなかの女性　一八七〇－一九七〇』（みす

ず書房、二〇〇三年）
M・A・ヴィンクラー『自由と統一への長い道Ⅱ――ドイツ近現代史　一九三三―一九九〇年』（昭和堂、二〇〇八年）
M・シュトライス『ドイツ公法史入門』（勁草書房、二〇二三年）
初宿正典『カール・シュミットと五人のユダヤ人法学者』（成文堂、二〇一六年）
古賀敬太『カール・シュミットとカトリシズム』（創文社、一九九九年）
権左武志「丸山眞男の政治思想とカール・シュミット」『思想』一九九九年九号・一〇号
権左武志「第三帝国の創立と連邦制の問題――カール・シュミットはいかにして国家社会主義者となったか？」『思想』二〇二一年三号
瀧井一博『文明史のなかの明治憲法』（講談社、二〇〇三年）
三島憲一『ベンヤミン　破壊・収集・記憶』（講談社学術文庫、二〇一〇年、岩波現代文庫、二〇一九年）
水戸部由枝『近代ドイツ史にみるセクシュアリティと政治』（昭和堂、二〇二二年）

5 書評・反応等

H. Fiala（= K. Löwith）, „Politischer Dezisionismus“, *Internationale Zeitschrift für Theorie des Rechts* 9 (2), 1935, 101–123.

E. Peterson, *Der Monotheismus als politisches Problem, Ein Beitrag zur Geschichte der politischen Theologie im Imperium Romanum*, Leipzig 1935.

Brief von W. Benjamin an C. Schmitt am 9. 12. 1930, *RW 265–1228*.（ノルトライン・ヴェストファーレン州立文書館所蔵）

Brief von K. Buddeberg an C. Schmitt am 1. 11. 1932, *RW 265–2145*.（ノルトライン・ヴェストファーレン州立文書館所蔵）

K. Th. Buddeberg, „Gott und der Souverän, Über die Führung des Staates im Zusammenhang rechtlichen und religiösen Denkens“, *Archiv des öffentlichen Rechts, Neue Folge*, Bd. 28 Heft 3, 1937, 257–325.

K. Th. Buddeberg, „Descartes und der politische Absolutismus“, *Archiv für Rechts-und Sozialphilosophie*, Bd. 30 Heft 4, 1937, 541–560.

K. Löwith, *Weltsgechichte und Heilsgeschehen, Die theologische Voraussetzungen der Geschichtsphilosophie*, Stuttgart 1953. 邦訳『世界史と救済史――歴史哲学の神学的前提』（創文社）

K. Löwith, „Der okkasionelle Dezisionismus von C. Schmitt“, in: *Gesammelte Abhandlungen, Zur Kritik der geschichtlichen Existenz*, Stuttgart 1960, 93–126. 邦訳『政治神学』（未來社）所収

H. Arendt, *On Revolution*, Penguin 1977. 邦訳『革命について』(ちくま学芸文庫)

H. Blumenberg, *Die Legitimität der Neuzeit*, Frankfurt a. M. 1966, 2. Aufl. 1988. 邦訳『近代の正統性』(法政大学出版局)

丸山眞男『日本政治思想史研究』(東京大学出版会、一九五二年、新装版：一九八三年)

あとがき

本書との出会いは、『政治的なものの概念』に比べれば新しいが、それでも三〇年以上前まで遡る。一九八〇年代に丸山眞男の主著『日本政治思想史研究』を読んで、シュミットの世俗化テーゼを知ったのが本書との最初の出会いである。その時、超越神の世俗化という形で絶対君主を解釈し、その歴史的意義を評価する彼の西洋近代観から異様な印象を受けたことを記憶している。続いて、三一年前の夏に七九歳の丸山眞男が札幌を訪れた時、彼が書評会でシュミットを引用し、「あらゆる政治的概念は論争的意味を持つ」とか「身分もなければ抵抗もない」とか語るのを聞いて強烈な印象を受けたが、この第二の出会いが、その後に私がシュミット研究に足を踏み入れる機縁となった。

今回、岩波書店の依頼を受けて本書と新たに取り組んだが、読者が、何よりも丸山の近代観の偏りを自覚し、作為の論理の誤りを克服する機会にしてもらえればと願っている。そればかりか、我々は、本書の問題意識を左右しているドイツ革命の経験やカトリック的世界観から改めて学び直すことができる。

一例を挙げれば、一九一八—一九年にドイツ革命を担った独立社会民主党の革命家（例えば、E・トラー）は、五〇年後に起こる新左翼学生反乱の先駆者でもあった。従って、本書で展開される無神論的アナーキストの批判は、一九一九年春ミュンヘンのロマン主義者ばかりか、一九六八年世代のロマン主義者にまで及んでいると言える。そこには、理想の政治目標を追い求めるユートピア運動がディストピア化するという共通の現象を解く鍵も隠されている。というのも、アナーキストが前提とする理想的人間観は、嘘と詐欺で他人を欺く現実の人間を無視してしまうから、現実の人間性により裏切られるからである。

別の例を挙げれば、シュミットが革命運動に対置するカトリック的世界像は、ロマン主義者の集団転向と権威依存症を説明してくれる。かつてヘーゲルは、一八二〇年頃に見られたプロテスタントのカトリック改宗現象を指摘し、「彼らは、自分の内面が空虚になったと感じ、権威の確たる支えを求めたからだ」と説明した（『法の哲学』

一四一節)。一世紀後のシュミットも、「ロマン主義者のカトリック教会に対する熱烈な関心」を指摘し、ロマン主義者にとり、教会組織が「キリスト教の法制化の偉大な機構」だと思われたと評価した(『政治的ロマン主義』)。二〇〇一年以後のロマン主義世代も、「権威の確たる支え」を求めて、「強力な指導力」による「決断」に喝采することはなかっただろうか。

従って、シュミットが今日の視点から見て「右翼思想家」だと思われても、「尊敬すべき敵」から学ぶという本書の読み方ができるはずである。本書との対決を、自分の一面的限界を自覚し、相手から学んで自分を補完する――「自己を否定し他者となる」(ヘーゲル)――機会とするならば、最初の敵対関係を克服し、思想の生産的発展に寄与することもできるだろう。

訳者解説では、読者がシュミットの決断主義や世俗化テーゼを無批判に鵜呑みにすることがないよう、ベンヤミンやブッデベルクから晩年のペテルゾン反駁に至るまでの長い影響作用史を描き出そうと努めた。この際に、これまでのシュミット遺稿研究の成果を生かすと共に、ベンヤミン書簡の入手につき、ウィーン滞在中の松本彩花氏に協力していただいた。ドイツのシュミット研究者ラインハルト・メーリング氏からは、ヴォルツェンドルフ書簡について情報提供していただいた。岩波書店編集部の小田野耕明氏には、今回も、原稿を正確にかつ読みやすくする上で有益な指摘をいただいた。これらの方々にお礼申し上げます。

二〇二四年八月

権左武志

人名索引

（斜体の数字は訳注および訳者解説のページを示す）

あ　行

か　行

ま　行

や　行

ら　行

政治的神学《せいじてきしんがく》—主権論四章《しゅけんろんよんしょう》　カール・シュミット著

2024年11月15日　第1刷発行
2025年 1 月24日　第2刷発行

訳　者　権左武志《ごんざたけし》

発行者　坂本政謙

発行所　株式会社 岩波書店
〒101-8002 東京都千代田区一ツ橋 2-5-5

案内 03-5210-4000　営業部 03-5210-4111
文庫編集部 03-5210-4051
https://www.iwanami.co.jp/

印刷 製本・法令印刷　カバー・精興社

ISBN 978-4-00-340303-7　Printed in Japan

読書子に寄す

――岩波文庫発刊に際して――

岩波茂雄

真理は万人によって求められることを自ら欲し、芸術は万人によって愛されることを自ら望む。かつては民を愚昧ならしめるために学芸が最も狭き堂宇に閉鎖されたことがあった。今や知識と美とを特権階級の独占より奪い返すことはつねに進取的なる民衆の切実なる要求である。岩波文庫はこの要求に応じそれに励まされて生まれた。それは生命ある不朽の書を少数者の書斎と研究室とより解放して街頭にくまなく立たしめ民衆に伍せしめるであろう。近時大量生産予約出版の流行を見る。その広告宣伝の狂態はしばらくおくも、後代にのこすと誇称する全集がその編集に万全の用意をなしたるか。千古の典籍の翻訳企図に敬虔の態度を欠かざりしか。さらに分売を許さず読者を繋縛して数十冊を強うるがごとき、はたしてその揚言する学芸解放のゆえんなりや。吾人は天下の名士の声に和してこれを推挙するに躊躇するものである。このときにあたって、岩波書店は自己の責務のいよいよ重大なるを思い、従来の方針の徹底を期するため、すでに十数年以前より志して来た計画を慎重審議この際断然実行することにした。吾人は範をかのレクラム文庫にとり、古今東西にわたって文芸・哲学・社会科学・自然科学等種類のいかんを問わず、いやしくも万人の必読すべき真に古典的価値ある書をきわめて簡易なる形式において逐次刊行し、あらゆる人間に須要なる生活向上の資料、生活批判の原理を提供せんと欲する。この文庫は予約出版の方法を排したるがゆえに、読者は自己の欲する時に自己の欲する書物を各個に自由に選択することができる。携帯に便にして価格の低きを最主とするがゆえに、外観を顧みざるも内容に至っては厳選最も力を尽くし、従来の岩波出版物の特色をますます発揮せしめようとする。この計画たるや世間の一時の投機的なるものと異なり、永遠の事業として吾人は微力を傾倒し、あらゆる犠牲を忍んで今後永久に継続発展せしめ、もって文庫の使命を遺憾なく果たさしめることを期する。芸術を愛し知識を求むる士の自ら進んでこの挙に参加し、希望と忠言とを寄せられることは吾人の熱望するところである。その性質上経済的には最も困難多きこの事業にあえて当たらんとする吾人の志を諒として、その達成のため世の読書子とのうるわしき共同を期待する。

昭和二年七月

《哲学・教育・宗教》〔青〕

- ソクラテスの弁明・クリトン　プラトン　久保勉訳
- ゴルギアス　プラトン　加来彰俊訳
- 饗宴　プラトン　久保勉訳
- テアイテトス　プラトン　田中美知太郎訳
- パイドロス　プラトン　藤沢令夫訳
- メノン　プラトン　藤沢令夫訳
- 国家 全二冊　プラトン　藤沢令夫訳
- プロタゴラス —ソフィストたち　プラトン　藤沢令夫訳
- パイドン —魂の不死について　プラトン　岩田靖夫訳
- アナバシス —敵中横断六〇〇〇キロ　クセノポン　松平千秋訳
- アリストテレス ニコマコス倫理学 全二冊　高田三郎訳
- アリストテレス 形而上学 全二冊　出隆訳
- アリストテレス 弁論術　戸塚七郎訳
- アリストテレース詩学・ホラーティウス詩論　松本仁助・岡道男訳
- 物の本質について　ルクレーティウス　樋口勝彦訳
- エピクロス —教説と手紙　出隆・岩崎允胤訳

- 生の短さについて 他二篇　セネカ　大西英文訳
- 怒りについて 他二篇　セネカ　兼利琢也訳
- エピクテトス 人生談義 全二冊　國方栄二訳
- 人さまざま　テオプラストス　森進一訳
- マルクス・アウレーリウス 自省録　神谷美恵子訳
- 老年について　キケロー　中務哲郎訳
- 友情について　キケロー　中務哲郎訳
- 弁論家について 全二冊　キケロー　大西英文訳
- 平和の訴え　エラスムス　箕輪三郎訳
- エラスムス＝トマス・モア往復書簡　沓掛良彦・高田康成訳
- 方法序説　デカルト　谷川多佳子訳
- 哲学原理　デカルト　桂寿一訳
- 精神指導の規則　デカルト　野田又夫訳
- 情念論　デカルト　谷川多佳子訳
- パンセ 全三冊　パスカル　塩川徹也訳
- パスカル 小品と手紙　塩川徹也・望月ゆか訳
- スピノザ 神学・政治論 全二冊　畠中尚志訳

- 知性改善論　スピノザ　畠中尚志訳
- スピノザ エチカ（倫理学） 全二冊　畠中尚志訳
- スピノザ 国家論　畠中尚志訳
- スピノザ往復書簡集　畠中尚志訳
- デカルトの哲学原理 —附 形而上学的思想　スピノザ　畠中尚志訳
- スピノザ 神・人間及び人間の幸福に関する短論文　畠中尚志訳
- モナドロジー 他二篇　ライプニッツ　谷川多佳子・岡部英男訳
- ノヴム・オルガヌム（新機関）　ベーコン　桂寿一訳
- 市民の国について 全二冊　ヒューム　小松茂夫訳
- 自然宗教をめぐる対話　ヒューム　犬塚元訳
- 君主の統治について —謹んでキプロス王に捧げる　トマス・アクィナス　柴田平三郎訳
- 精選 神学大全 全四冊　トマス・アクィナス　山本芳久編　稲垣良典／訳
- エミール 全三冊　ルソー　今野一雄訳
- 人間不平等起原論　ルソー　本田喜代治・平岡昇訳
- ルソー 社会契約論　桑原武夫・前川貞次郎訳
- 言語起源論 —旋律と音楽的模倣について　ルソー　増田真訳
- ディドロ 絵画について　佐々木健一訳

純粋理性批判 全三冊	カント 篠田英雄訳
カント 実践理性批判	波多野精一・宮本和吉・篠田英雄訳
判断力批判 全二冊	カント 篠田英雄訳
永遠平和のために	カント 宇都宮芳明訳
プロレゴメナ	カント 篠田英雄訳
人倫の形而上学 全二冊	カント 熊野純彦・宮村悠介訳
シュライエルマッハー 独白	木場深定訳
ヘーゲル 政治論文集 全二冊	金子武蔵訳
哲学史序論 —哲学と哲学史	ヘーゲル 武市健人訳
歴史哲学講義 全二冊	ヘーゲル 長谷川宏訳
法の哲学 —自然法と国家学の要綱	ヘーゲル 上妻精・佐藤康邦・山田忠彰訳
学問論	シェリング 西川富雄・藤田正勝監訳
自殺について 他四篇	ショウペンハウエル 斎藤信治訳
読書について 他二篇	ショウペンハウエル 斎藤忍随訳
知性について 他四篇	ショーペンハウエル 細谷貞雄訳
不安の概念	キェルケゴール 斎藤信治訳
死に至る病	キェルケゴール 斎藤信治訳

体験と創作 全二冊	ディルタイ 柴田治三郎・小牧健夫訳
眠られぬ夜のために 全二冊	ヒルティ 草間平作・大和邦太郎訳
幸福論 全三冊	ヒルティ 草間平作・大和邦太郎訳
悲劇の誕生	ニーチェ 秋山英夫訳
ツァラトゥストラはこう言った 全二冊	ニーチェ 氷上英廣訳
道徳の系譜	ニーチェ 木場深定訳
善悪の彼岸	ニーチェ 木場深定訳
この人を見よ	ニーチェ 手塚富雄訳
プラグマティズム	W・ジェイムズ 桝田啓三郎訳
宗教的経験の諸相 全二冊	W・ジェイムズ 桝田啓三郎訳
日常生活の精神病理	フロイト 高田珠樹訳
精神分析入門講義 全二冊	フロイト 高田珠樹・新宮一成・須藤訓任・道籏泰三訳
純粋現象学及現象学的哲学考案 全二冊	フッセル 池上鎌三訳
デカルト的省察	フッサール 浜渦辰二訳
愛の断想・日々の断想	ジンメル 清水幾太郎訳
ジンメル宗教論集	深澤英隆編訳
笑い	ベルクソン 林達夫訳

道徳と宗教の二源泉	ベルクソン 平山高次訳
物質と記憶	ベルクソン 熊野純彦訳
時間と自由	ベルクソン 中村文郎訳
ラッセル教育論	安藤貞雄訳
ラッセル幸福論	安藤貞雄訳
存在と時間 全四冊	ハイデガー 熊野純彦訳
学校と社会	デューイ 宮原誠一訳
民主主義と教育 全二冊	デューイ 松野安男訳
我と汝・対話	マルティン・ブーバー 植田重雄訳
アラン 幸福論	神谷幹夫訳
アラン 定義集	神谷幹夫訳
天才の心理学	E・クレッチュマー 内村祐之訳
英語発達小史	H・ブラッドリ 寺澤芳雄訳
日本の弓術	オイゲン・ヘリゲル述 柴田治三郎訳
似て非なる友について 他三篇	プルタルコス 柳沼重剛訳
ことばのロマンス —英語の語源	ウィークリー 寺澤芳雄・出淵博訳
ヴィーコ 学問の方法	上村忠男・佐々木力訳

《歴史・地理》〔青〕

新訂 魏志倭人伝・後漢書倭伝・宋書倭国伝・隋書倭国伝 —中国正史日本伝1　石原道博編訳
新訂 旧唐書倭国日本伝・宋史日本伝・元史日本伝 —中国正史日本伝2　石原道博編訳
ヘロドトス 歴史 全三冊　松平千秋訳
トゥーキュディデース 戦史 全三冊　久保正彰訳
ガリア戦記　カエサル　近山金次訳
タキトゥス 年代記 —ティベリウス帝からネロ帝へ 全二冊　国原吉之助訳
ランケ世界史概観 —近世史の諸時代　鈴木成高・相原信作訳
ランケ自伝　林健太郎訳
歴史における個人の役割　プレハーノフ　木原正雄訳
古代への情熱 —シュリーマン自伝　シュリーマン　村田数之亮訳
大君の都 —幕末日本滞在記 全三冊　オールコック　山口光朔訳
アーネスト・サトウ 一外交官の見た明治維新 全二冊　坂田精一訳
ベルツの日記 全二冊　トク・ベルツ編　菅沼竜太郎訳
武家の女性　山川菊栄
インディアスの破壊についての簡潔な報告　ラス・カサス　染田秀藤訳
ラス・カサス インディアス史 全七冊　長南実訳　石原保徳編

インディアスの破壊をめぐる賠償義務論 —十二の疑問に答える　ラス・カサス　染田秀藤訳
コロンブス 全航海の報告　林屋永吉訳
大森貝塚 —付 関連史料　E・S・モース　近藤義郎・佐原真編訳
ナポレオン言行録　オクターヴ・オブリ編　大塚幸男訳
中世的世界の形成　石母田正
日本の古代国家　石母田正
平家物語 他六篇　石母田正　高橋昌明編
クリオの顔 —歴史随想集　E・H・ノーマン　大窪愿二編訳
日本における近代国家の成立　E・H・ノーマン　大窪愿二訳
旧事諮問録 —江戸幕府役人の証言 全二冊　旧事諮問会編　進士慶幹校注
ローマ皇帝伝 全二冊　スエトニウス　国原吉之助訳
アリランの歌 —ある朝鮮人革命家の生涯　ニム・ウェールズ　キム・サン　松平いを子訳
さまよえる湖 全二冊　ヘディン　福田宏年訳
老松堂日本行録 —朝鮮使節の見た中世日本　宋希環　村井章介校注
十八世紀パリ生活誌 —タブロー・ド・パリ 全二冊　メルシエ　原宏編訳
ヨーロッパ文化と日本文化　ルイス・フロイス　岡田章雄訳注
ギリシア案内記 全二冊　パウサニアス　馬場恵二訳

オデュッセウスの世界　フィンリー　下田立行訳
東京に暮す —一九二八〜一九三六　キャサリン・サンソム　大久保美春訳
ミカド —日本の内なる力　W・E・グリフィス　亀井俊介訳
増補 幕末百話　篠田鉱造
幕末明治 女百話 全二冊　篠田鉱造
日本中世の村落　清水三男　大山喬平・馬田綾子校注
トゥバ紀行　メンヒェン＝ヘルフェン　田中克彦訳
徳川時代の宗教　R・N・ベラー　池田昭訳
ある出稼石工の回想　マルタン・ナド　喜安朗訳
革命的群衆　G・ルフェーヴル　二宮宏之訳
植物巡礼 —プラント・ハンターの回想　F・キングドン-ウォード　塚谷裕一訳
日本滞在日記 —一八〇四—一八〇五　レザーノフ　大島幹雄訳
モンゴルの歴史と文化　ハイシッヒ　田中克彦訳
歴史序説 全四冊　イブン＝ハルドゥーン　森本公誠訳
ダンピア 最新世界周航記 全二冊　平野敬一訳
ローマ建国史 全三冊（既刊上巻）　リーウィウス　鈴木一州訳
元治夢物語 —幕末同時代史　馬場文英　徳田武校注

フランス・プロテスタントの反乱 —カミザール戦争の記録　カヴァリエ　二宮フサ訳

徳川制度 全三冊・補遺　加藤貴校注

第二のデモクラテス 戦争の正当原因についての対話　セプールベダ　染田秀藤訳

ユグルタ戦争 カティリーナの陰謀　サルスティウス　栗田伸子訳

史的システムとしての資本主義　ウォーラーステイン　川北稔訳

中世荘園の様相　網野善彦

日本中世の非農業民と天皇 全二冊　網野善彦

岩波文庫の最新刊

大岡 信著
折々のうた 三六五日
—日本短詩型詞華集

現代人の心に響く詩歌の宝庫『折々のうた』。その中から三六五日それぞれにふさわしい詩歌を著者自らが選び抜き、鑑賞の手引きを付しました。〔カラー版〕 〔緑二〇二-五〕 **定価一三〇九円**

池澤夏樹訳
カヴァフィス詩集

二〇世紀初めのアレクサンドリアに生きた孤高のギリシャ詩人カヴァフィスの全一五四詩。歴史を題材にしたアイロニーの色調、そして同性愛者の官能と哀愁。 〔赤N七三五-一〕 **定価一三六四円**

太宰 治作／安藤 宏編
走れメロス・東京八景 他五篇

誰もが知る〈友情〉の物語「走れメロス」、自伝的小説「東京八景」ほか、「駈込み訴え」「清貧譚」など傑作七篇。〈太宰入門〉として最適の一冊。（注・解説＝安藤宏） 〔緑九〇-一〇〕 **定価七九二円**

ゲルツェン著／金子幸彦・長縄光男訳
過去と思索 (五)

家族の悲劇に見舞われたゲルツェンはロンドンへ。「四八年」が遠のく中で、革命の夢をなおも追い求める亡命者たち。彼らを見る目は冷え冷えとしている。（全七冊） 〔青N六一〇-六〕 **定価一五七三円**

……今月の重版再開……

アナトール・フランス作／大塚幸男訳 **定価一三六四円**
神々は渇く
〔赤五四三-三〕

J・S・ミル著／大内兵衛、大内節子訳 **定価八五八円**
女性の解放
〔白一一六-七〕

岩波文庫の最新刊

川本皓嗣編
新編 イギリス名詩選

〈歌う喜び〉を感じさせてやまない名詩の数々。一六世紀のスペンサーから二〇世紀後半のヒーニーまで、愛され親しまれている九二篇を対訳で編む。待望の新編。
〔赤二七三-二〕 定価一二七六円

チェンニーノ・チェンニーニ
辻茂編訳／石原靖夫・望月一史訳
絵画術の書

フィレンツェの工房で伝えられてきた、ジョット以来の偉大な絵画技法を伝える歴史的文献。現存する三写本からの完訳に、詳細な用語解説を付す。（口絵四頁）
〔青五八八-一〕 定価一四三〇円

ルートヴィヒ・ボルツマン著／稲葉肇訳
気体論講義（上）

気体分子の運動に確率計算を取り入れ、統計的方法にもとづく力学理論を打ち立てた、ルートヴィヒ・ボルツマン（一八四四―一九〇六）の集大成といえる著作。（全二冊）
〔青九五九-一〕 定価一四三〇円

相馬御風編注
良寛和尚歌集

良寛（一七五八―一八三一）の和歌は、日本人の心をとらえて来た。良寛研究の礎となった相馬御風（一八八三―一九五〇）の評釈で歌を味わう。（解説＝鈴木健一・復本一郎）
〔黄二二二-二〕 定価六四九円

……今月の重版再開……

シュテファン・ツワイク作／
高橋禎二、秋山英夫訳
マリー・アントワネット（上）

定価一一五五円
〔赤四三七-一〕

シュテファン・ツワイク作／
高橋禎二、秋山英夫訳
マリー・アントワネット（下）

定価一一五五円
〔赤四三七-二〕

定価は消費税10％込です　2025.1